GW01402801

Illustralia

NUEVAS TENDENCIAS DE ILUSTRACIÓN DIGITAL
CUTTING EDGE DIGITAL ILLUSTRATION

Illustralia

NUEVAS TENDENCIAS DE ILUSTRACIÓN DIGITAL
CUTTING EDGE DIGITAL ILLUSTRATION

Illustralia
NUEVAS TENDENCIAS DE ILUSTRACIÓN DIGITAL
CUTTING EDGE DIGITAL ILLUSTRATION

Publisher: Paco Asensio

Editing & text: Cristian Campos

Editorial coordination: Anja Llorella Oriol

Art director: Emma Termes Parera

Layout: Maira Purman

Copy editing: Benjamin Brinner

English translation: Heather Bagott

Front cover: Vault 49

Back cover: Serial Cut™

Copyright @ 2008 English/Spanish language edition by
Promopress for sale in UK, Spain, Portugal and
Latin America only

PROMOPRESS is a brand of:
PROMOTORA DE PRENSA INTERNACIONAL SA
Ausias March, 124
08013 BARCELONA
T: + 34 932 451 464
F: + 34 932 654 883
E-mail: info@promopress.es
www.promopress.info

ISBN 978-84-936508-2-7
Printed in China

All rights reserved. No part of this book may be reproduced in any form or by any electronic or mecha-
nical means, without permission in writing from the
publisher.

Reservados todos los derechos. Queda rigurosamente
prohibida, sin la autorización escrita de los titulares
del *copyright,* bajo las sanciones establecidas en las
leyes, la reproducción, total o parcial, de esta obra por
cualquier medio o procedimiento, comprendidos la
reprografía, el tratamiento informático y la distribución
de ejemplares mediante alquiler o préstamo público.

Introducción/*Introduction*

El primer ordenador de la historia nació en 1947 y fue bautizado con el nombre ENIAC. Ocupaba un sótano entero de la Universidad de Pensilvania, donde lo creó un equipo de ingenieros y científicos encabezado por los doctores John W. Mauchly y J. Prester Eckert, y pesaba varias toneladas. Era capaz de efectuar 5.000 sumas por segundo, una potencia que apenas sería suficiente para llevar a cabo la más sencilla de las tareas que realizan cientos de veces al día los modernos programas informáticos que usan los ilustradores incluidos en este libro. Si hubiéramos asegurado a Mauchly y Eckert que tan sólo 60 años después de la creación de ENIAC un alto porcentaje de los habitantes del planeta tendría un ordenador en su casa y que lo utilizaría no sólo para operaciones puramente matemáticas, sino también para labores artísticas, habrían pensado que les estábamos tomando el pelo.

Porque lo que ahora parece completamente normal, tan normal, de hecho, que ni siquiera lo consideramos noticiable, era absolutamente impensable hace apenas 10 años. En la actualidad, cualquier ilustrador trabaja en algún momento del día con el ordenador, aunque sólo sea para escanear el arte final. Un libro que versara sobre ilustradores que usan el ordenador en su trabajo cotidiano no tendría ningún sentido: salvo algunos nostálgicos recalcitrantes que siguen trabajando exclusivamente a mano, la inmensa mayoría de los ilustradores contemporáneos utiliza el ordenador en una fase u otra del proceso de creación.

De ahí la necesidad de acotar el concepto y la decisión de incluir en este libro sólo a aquellos ilustradores que trabajan esencialmente con el ordenador y a aquellos que lo han utilizado de forma innovadora, abriendo nuevos caminos que posteriormente han seguido decenas de artistas y diseñadores gráficos de todo el mundo.

Los cerca de 40 ilustradores incluidos en este libro son, así, una muestra representativa de las nuevas tendencias de la ilustración digital. Entre ellos se cuentan nombres consagrados, pero también los jóvenes pioneros que, con propuestas arriesgadas y muy personales, permiten que vislumbremos formas de utilizar el ordenador inimaginables hace unos años.

Puede que el futuro no sea todavía esto, pero lo que es seguro es que se le parecerá bastante.

The first-ever computer was developed in 1947 and was christened ENIAC. It weighed several tons and filled a whole basement at the University of Pennsylvania where it was created by a team of engineers and scientists led by Dr. John W. Mauchly and Dr. J. Prester Eckert. It was capable of calculating 5,000 equations per second, which today would be only just enough oomph to carry out the simplest of tasks that the computer programs used by the illustrators in this book carry out hundreds of times a day. If we had assured Mauchly and Eckert that, only 60 years after the creation of ENIAC, a high percentage of the world's population would have a computer at home and that it would be used for artistic purposes as well as for purely mathematical operations, they would have laughed in our faces.

What today seems completely normal, technologically speaking, would have been absolutely unthinkable just 10 years ago. Today most illustrators use a computer, even if it is just for scanning the finished piece. A book about illustrators who use computers in their daily work would be nothing special. Apart from a few recalcitrant, nostalgic artists who continue working by hand, the majority of contemporary illustrators use computers at some point during the creation process.

Thus, the need arose to refine the concept and include only those illustrators who work almost exclusively with a computer and those who do so in an innovative manner, paving the way for numerous artists and graphic designers the world over.

The 40 illustrators in this book provide their insights and a representative sample of the new trends in digital illustration. The book covers both renowned artists and young pioneers whose daring and very personal projects present new ways of using the computer that would have been unimaginable only a few years ago.

Although we cannot foresee the future, it is sure to be something similar.

Desfazendo a América (2005)

Abiuro

Alexandre Braga estudió Diseño Gráfico en la Escola Panamericana de Arte e Design, en São Paulo. Tras pasar por varios estudios de diseño y el mundo de la publicidad, en 2005 decidió crear su propio estudio, Abiuro, en el que comparte responsabilidades con su mujer, Marina Meirelles, directora de arte. Juntos han trabajado para clientes como MTV, Fiat, Häagen-Dazs, Absolut y Havaianas, y para las revistas *Computer Arts*, *Vogue*, *Trip Magazine*, *Rojo* y *Playboy*, entre otras. Sus diseños han aparecido también en libros como *It's a Matter of Illustration* (Victionary), *Character Encyclopedia* (Pictoplasma) y *Dos Logos* (Die Gestalten Verlag).

Alexandre Braga studied graphic design at the Escola Panamericana de Arte e Design in São Paulo. In 2005, after working for various design studios and advertising agencies, he decided to create his own studio, Abiuro. He works alongside his wife, Marina Meirelles, the studio's art director. They have worked together for clients such as MTV, Fiat, Häagen-Dazs, Absolut, Havaianas and for magazines including Computer Arts, Vogue, Trip Magazine, Rojo and Playboy, among others. Their work has also appeared in books such as It's a Matter of Illustration (Victionary), Character Encyclopedia (Pictoplasma) and Dos Logos (Die Gestalten Verlag).

Técnica

«Intentamos no limitarnos en cuanto a los métodos y las técnicas que utilizamos; nos gusta jugar con los *collages* y las texturas. Lo digital está presente en nuestro trabajo no sólo en los colores y las formas, sino también en el concepto original de las ilustraciones.»

Technique

"We try not to limit ourselves as regards the methods and techniques we use; we enjoy being creative with collages and texture. Our work encompasses digital aspects, not only in the sense of color and shape, but also for the original concept of the illustrations."

São Paulo (Brasil) hello@abiuro.com www.abiuro.com
São Paulo (Brazil) *hello@abiuro.com* *www.abiuro.com*

Coluna de música (2006)

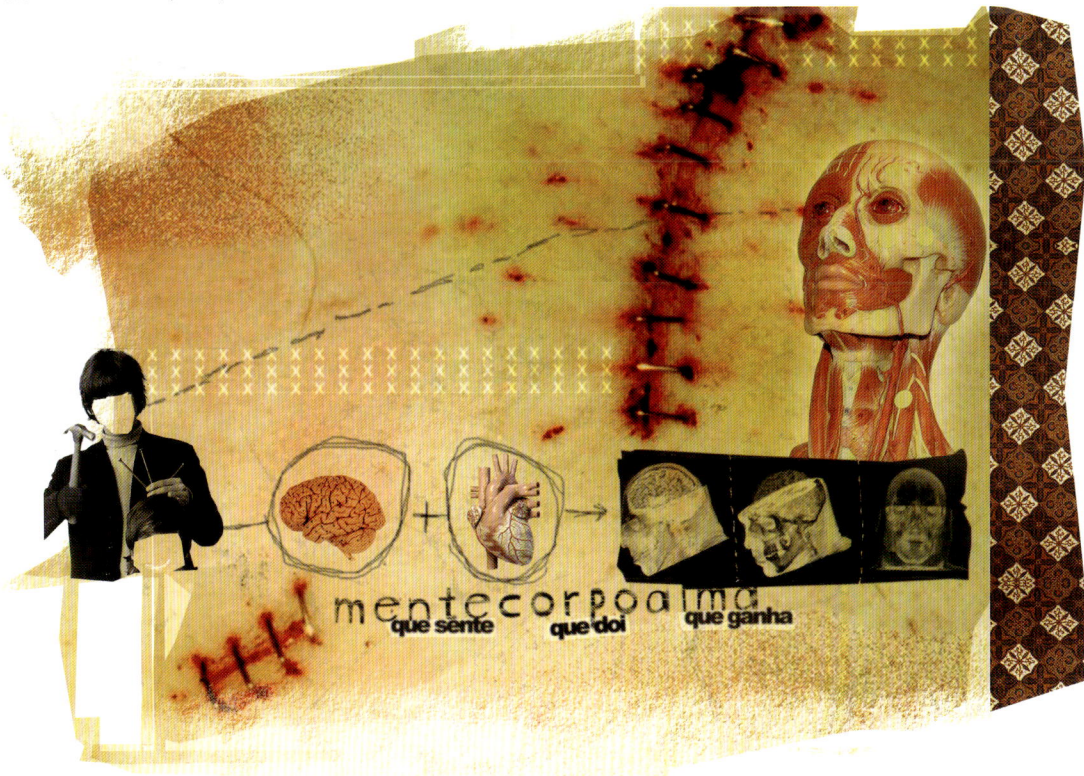

Dor e revolução (2005)

Coluna de arte (2006)

Coluna de cinema (2006)

Homens grávidos (2006)

Saudade (2005)

Por um fio (2005)

Boxing Elephant (2006)

Alexander Blue

Desde la colorista Seattle, las irreverentes ilustraciones de Alexander Blue satirizan la realidad con el objetivo de hacer sonreír tanto a espectadores de 90 años como a los más pequeños de la familia. Colores llamativos y una imaginería pop que enlaza con el surrealismo se combinan con extraños garabatos infantiles y raras criaturas de la invención del artista para redondear un estilo caprichoso y delirante rebosante de «energía positiva y buenas vibraciones». El trabajo de Alexander Blue ha aparecido en revistas, proyectos publicitarios y diversos productos. Entre sus clientes se encuentran nombres como Target, Venue Snowboards, Egreetings y *Revista Colectiva*.

From arty Seattle, Alexander Blue and his irreverent illustrations satirize reality and aim to appeal to the sense of humor of young and old alike. Bright colors and pop imagery which links them to surrealism are combined with strange infantile scrawls and bizarre make-believe creatures thought up by the artist to round off a whimsical and crazy style bursting with positive energy and good vibes. Alexander Blue's work has appeared in magazines, advertising projects and on various products. His clients include Target, Venue Snowboards, Egreetings and Revista Colectiva.

Técnica
«Mi trabajo se basa en el cuaderno de bocetos, dibujados, por lo general, en menos de 30 segundos; en el Adobe Illustrator, con el que creo los personajes, doy color y compongo, y en el Photoshop, con el que añado profundidad al color y efectos de luz.»

Technique
"Basically, my work begins life in my sketchbook, usually drawn in less than 30 seconds. I also use Adobe Illustrator to create the characters, add color and compose, and I use Photoshop to add depth to the color and create lighting effects."

Seattle (Estados Unidos) art@magnetreps.com www.magnetreps.com
Seattle (USA) art@magnetreps.com www.magnetreps.com

Hillbilly Octopus (2006)

J People 1 (2007)

J People 1 (2007)

MR. Wood

Mr. Wood (2007)

Sea Monster (2006)

The Evolution of Religious Thinking (2006)

Andy Potts

Andy Potts nació en Dudley (Reino Unido) y se graduó en Ilustración por la Universidad de Portsmouth en 1995. De inmediato, y gracias a su alianza con un ordenador Mac, empezó a trabajar en el terreno de los nuevos medios y la ilustración. Sus diseños pueden verse en portadas de libros, anuncios de todo tipo y medios de comunicación internacionales. Entre sus clientes se cuentan nombres como IBM, BBC, *The New York Times*, Random House o *The Guardian*. Como miembro del colectivo británico Black Convoy, ha expuesto en toda Europa y en Estados Unidos. Potts también trabajó durante siete años como diseñador y animador de los estudios Abbey Road.

Andy Potts was born in Dudley, England, and graduated in illustration from Portsmouth University in 1995. With a Mac computer in hand, he immediately began to work in the field of new media and illustration. His designs can be found on book covers, in all kinds of advertisements and international communication media. His clients include names such as IBM, BBC, The New York Times, Random House and The Guardian. As a member of the British collective Black Convoy, he has exhibited work all over Europe and in the USA. Potts also worked for seven years as a designer and animator at the Abbey Road studios.

Técnica

«Realizo mis ilustraciones en Photoshop. Mi estilo surge de la fusión de técnicas tradicionales y de las nuevas tecnologías. En él puede apreciarse la mezcla del dibujo manual con los *collages* digitales, el 3D y la fotografía.»

Technique

"I create my illustrations with Photoshop. My style is a fusion of traditional techniques and new technology. It is a blend of manual drawing, digital collages, 3-D and photography."

Londres (Reino Unido) info@andy-potts.com   www.andy-potts.com
London (United Kingdom) *info@andy-potts.com   www.andy-potts.com*

Birds (2006)

Flower Factory (2006)

The Cooler (2006)

Bumo (2006)

US Casualties in Iraq (2006)

Voices of London's Refugees (2006)

Working Fathers (2006)

Motomix Press Release (2006)

Integrado por los artistas brasileños Danilo Oliveira, David Magila, Zansky y Rafael Coutinho, Base-V comenzó su andadura en 2002 con la publicación de la revista experimental *V*. Desde el primer momento, el grupo ha explorado diversos ámbitos: desde las publicaciones artesanales hasta las instalaciones gráficas, el arte urbano y las exposiciones en galerías, mezclando soportes y materiales. Sus trabajos son el resultado de la suma de influencias dispares y el reflejo de su identidad colectiva. En este sentido, la obra de Base-V –plasmada en instalaciones gráficas y murales durante los últimos años– supone la victoria del grupo sobre la individualidad.

Made up of the Brazilian artists Danilo Oliveira, David Magila, Zansky and Rafael Coutinho, Base-V began life in 2002 with the publication of the experimental magazine V. The group has always explored diverse ambits, from artisan publications to graphic installations, urban art, and exhibitions in galleries using a mix of materials and mediums. The work is a result of the sum of different influences and the reflection of their collective identity. The work of Base-V, captured in graphic installations and murals over the last couple of years, exhibits the victory of the group over individuality.

Técnica

«En Base-V no tenemos un método de trabajo específico. Mezclamos diferentes técnicas y volcamos todo tipo de material en el ordenador para trabajar con él posteriormente. Utilizamos programas diferentes cada vez.»

Technique

"In Base-V, we do not have a specific work method. We blend different techniques and a whole range of different material on the computer to work with later. We use different programs each time."

São Paulo (Brasil) info@base-v.org www.base-v.org
São Paulo (Brazil) *info@base-v.org www.base-v.org*

Base-V

Where Does the Rock Go? (2005)

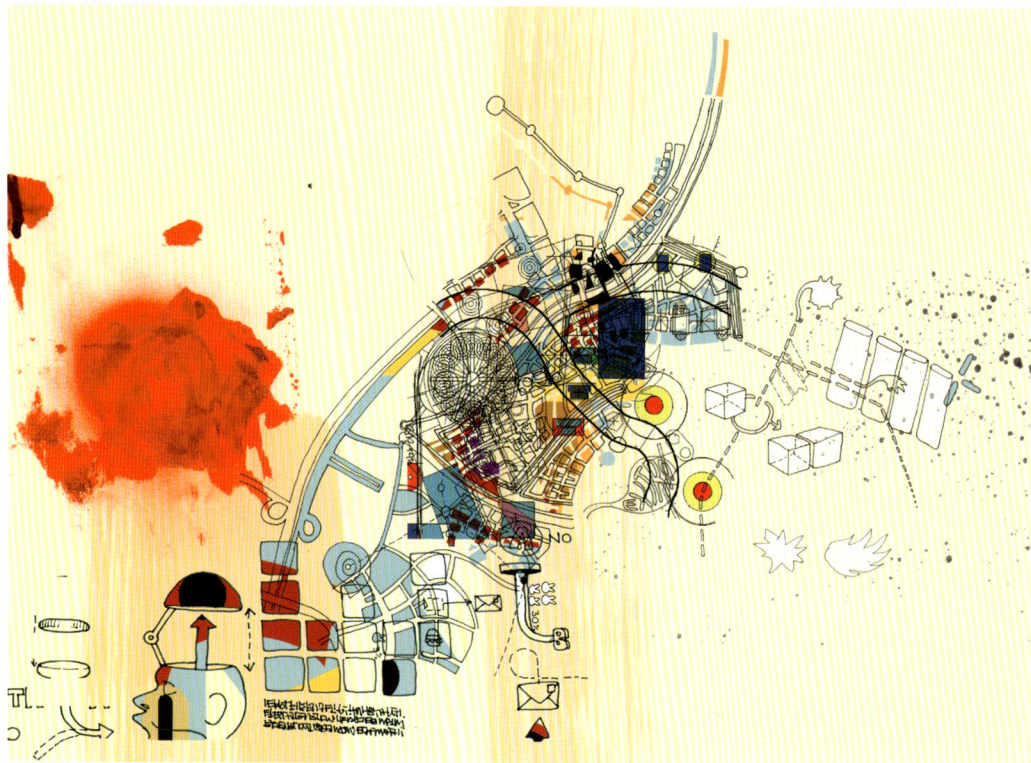

Between the Real and the Virtual (2007)

Creative Society Session (2007)

Puma Clyde (2006)

On the Pop Fountain (2007)

Diaries, Notebooks + Sketchbooks (2006)

Earth Creation Myth (2007)

Brutalgiftland

Brutalgiftland, «nombre de guerra» del diseñador gráfico e ilustrador estadounidense Mark Shepherd, se graduó en Diseño Gráfico en la Northern Michigan University en 1986 y cursó un máster de Escultura en la Universidad de Cincinnati en 1994. Ese mismo año empezó su trayectoria como diseñador gráfico, que ha continuado hasta la actualidad. Su trabajo ha sido incluido en exposiciones como *Where is Duende*, en el Anderson Ranch Arts Center, y entre sus clientes se cuentan *Adbusters*, *Playboy*, Discovery Channel, *Big Idea Magazine*, *Aspen Magazine*, Dreamworks Records, Leo Burnett Advertising y KissaneViola Design.

Brutalgiftland is the nom de guerre of American graphic designer and illustrator Mark Shepherd, who graduated in graphic design from Northern Michigan University in 1986 and received his Master's in sculpture at the University of Cincinnati in 1994. That same year, he began his career as a graphic designer, which he has continued to this day. His work has been included in exhibitions such as Where is Duende at the Anderson Ranch Arts Center and counts among his clients names such as Adbusters, Playboy, Discovery Channel, Big Idea Magazine, Aspen Magazine, Dreamworks Records, Leo Burnett Advertising and KissaneViola Design.

Técnica

«Guardo objetos de todo tipo que he encontrado por ahí, en tiendas de segunda mano, etc. Busco en mis cuadernos de bocetos y combino y recombino imágenes cuando he agotado todas las ideas, que no suelen llegar a la primera. Prefiero mezclar cosas y ver qué sale de ahí.»

Technique

"I collect all kinds of objects that I find in second-hand shops, etc. I look in my sketchbooks and combine and recombine images when I run out of ideas—which don't always come straight away. I prefer to combine things and see what happens."

Portland (Estados Unidos) mark@brutalgiftland.com www.brutalgiftland.com
Portland (USA) mark@brutalgiftland.com www.brutalgiftland.com

Earth Creation Myth (2007)

Burgeoning Perfection Crisis Emitting a Crystal Fountain of Stillness (2007)

Rainbow Tribulation Stockpile of Ho-Hum Waterfall Jewel (or Hugging His Pillow in Time Spent Wronging) (2007)

The Battle within the Shrine of Hives and Living Mountain Waters Promise (2007)

The Current Ho-Hum Model with Complete Concrete Anti-Swarm (2007)

Electromagnetic Discount Ghost Visits Receptive Silence in Turbulence Passel (2007)

Addiction (2006)

Catalina Estrada

Nacida en Colombia, aunque afincada en Barcelona desde 1999, Catalina Estrada mezcla en sus pinturas, diseños e ilustraciones el colorista folclore latinoamericano y la sofisticación europea. Sus trabajos son inmediatamente reconocibles por su colorido y su carácter barroco, lo que la sitúa en una tierra de nadie, a medio camino entre el surrealismo, el arte naíf y la ilustración digital contemporánea. Nombres como Paul Smith, Microsoft, Sony, Coca-Cola, Nike, Honda, Custo Barcelona, Salomon y Chronicle Books, entre otros, se incluyen en su lista de clientes. Además, desde que las revistas *Communication Arts* y *Computer Arts* popularizaran su trabajo, su obra ha aparecido en varios libros y publicaciones internacionales.

Born in Colombia, although she has resided in Barcelona since 1999, Catalina Estrada blends colorful Latin American folklore with European sophistication in her paintings, designs and illustrations. Her work is immediately recognizable due to its colorful style and baroque influences, placing her in a no man's land somewhere between surrealism, naíf art and contemporary digital illustration. Renowned names like Paul Smith, Microsoft, Coca-Cola, Nike, Honda, Custo Barcelona, Salomon and Chronicle Books, among others, make up her client list. Moreover, since the magazines Communication Arts and Computer Arts popularized her work, it has appeared in various books and international publications.

Técnica

«Por lo general, mis trabajos comerciales son digitales. No acostumbro a hacer bocetos porque los clientes suelen disponer de poco tiempo y hay que trabajar a toda prisa. Una vez que doy con el dibujo adecuado, trabajo en las opciones del color hasta que hallo el resultado que busco.»

Technique

"All my work is completely digitalized. I don't normally do sketches, as the clients are usually short of time and I have to work very quickly. Once I come up with the right drawing, I work on the color options until I find the desired result."

Barcelona (España) catiestrada@gmail.com www.catalinaestrada.com
Barcelona (Spain) *catiestrada@gmail.com www.catalinaestrada.com*

Love is All (2006)

Bambi Pattern (2006)

Gnome Pattern (2006)

Red (2006)

Purple Bird (2006)

Deer (2005)

Cardinal (2005)

Swan (2005)

Rabbit (2005)

Alice (2006)

Crow Boy (2006)

Crow Girl (2006)

Naughty or Nice (2006)

Charles Wilkin

Charles Wilkin nació en Buffalo (Nueva York, Estados Unidos) y se graduó en el Columbus College of Art and Design en 1992. Es director del estudio de diseño, tipografía e ilustración Automatic Art and Design, que creó empujado por la creencia de que el estilo personal y las pretensiones del cliente deben interactuar y ser parte integral del proceso de diseño. La edición australiana de *Vogue*, Billabong, Burton Snowboards, Capitol Records, Chronicle Books, Grove/Atlantic Press, Mattel, *New York Magazine*, *The New York Times*, Nixon Watches, Tolleson Design y Urban Forest Project son algunos de sus clientes. El trabajo de Automatic ha ganado varios premios internacionales, además de aparecer en varios libros y publicaciones de todo el mundo.

Charles Wilkin was born in Buffalo, New York, USA, and graduated from the Columbus College of Art and Design in 1992. He is the director of a design, typography and illustration studio called Automatic Art and Design, which he created thanks to his belief that a personal style and the needs of the clients must interact and be an integral part of the design process. The Australian edition of Vogue, Billabong, Burton Snowboards, Capitol Records, Chronicle Books, Grove/Atlantic Press, Mattel, New York Magazine, The New York Times, Nixon Watches, Tolleson Design and Urban Forest Project are just a few of his clients. The work of Automatic has garnered many international prizes, in addition to having appeared in various books and publications all over the world.

Técnica

«Generalmente empiezo con una idea muy vaga, y continúo a partir de ahí. Mis trabajos digitales transmiten una sensación mucho más limpia que los manuales, y combinan elementos gráficos, como tipografías y vectores. También me permiten utilizar unos colores mucho más complejos.»

Technique

"I usually start with a very vague idea and continue from there. My digital work transmits a much cleaner feeling than the manual work, as well as combining graphic elements such as typography and vectors. It also means I can work with much more complex colors."

Nueva York (Estados Unidos) art@magnetreps.com   www.magnetreps.com
New York (USA) *art@magnetreps.com   www.magnetreps.com*

Master Your Marketing Hang-Ups (2007)

Rant (2007)

Entertainment (2006)

Crow's Nest (2006)

Christian Montenegro

My Generation (2006)

Christian Montenegro nació en Buenos Aires en 1972. A los 15 años estudió Cómic en el taller de Alberto Breccia, aunque la falta de perspectivas en ese campo (la última revista de cómics argentina quebró en 1994) le obligó a pasarse a la ilustración. En 2002, empezó a trabajar con medios digitales y, poco después, sus diseños podían verse en libros y publicaciones de todo el mundo. Entre sus clientes se encuentran nombres como *Clarín*, Ediciones SM, Fox Latin-American Channel, Vodafone, Volkswagen, Ediciones del Eclipse, BBDO, *Wired*, *Global Custodian*, Custo Barcelona, *Microsoft Magazine*, *The Guardian*, Vespa o Taschen.

Christian Montenegro was born in Buenos Aires in 1972. At the age of 15, he trained to work in comics with Alberto Breccia, although the lack of real prospects in this field (the last comic in Argentina went bankrupt in 1994) led him to diversify into illustration. In 2002, he began to work with digital media, and shortly afterwards his designs were appearing in books and publications worldwide. Among his clients are Clarín, Ediciones SM, Fox Latin-American Channel, Vodafone, Volkswagen, Ediciones del Eclipse, BBDO, Wired, Global Custodian, Custo Barcelona, Microsoft Magazine, The Guardian, Vespa and Taschen.

Técnica
«Mi método de trabajo, al que llamo 'Sistema A Lego', consiste en construir la ilustración digitalmente, aunque intento añadirle un acabado pigmentado y artesanal al color digital, que suele ser demasiado frío y perfecto.»

Technique
"My method of work, which I call 'Sistema A Lego' involves building the illustration digitally, although I do try to give an artisan and pigmented finish to the digital color, which is often overly cold and perfect."

Villa Sarmiento (Argentina) christian@christianmontenegro.com.ar   www.christianmontenegro.com.ar
Villa Sarmiento (Argentina) christian@christianmontenegro.com.ar   www.christianmontenegro.com.ar

Hawking's Flexiverse (2006)

Ilustraciones para el libro *El hombrecito de la valija* (2006) / *Illustrations for the book El hombrecito de la valija* (2006)

Ilustraciones para el libro *El hombrecito de la valija* (2006) / *Illustrations for the book El hombrecito de la valija* (2006)

Retrato de Ali Daei, de la serie «Iran Football Team», en el libro *Football Heroes* (2006) / *Portrait of Ali Daei, from the series "Iran Football Team," in the book Football Heroes* (2006)

Cat (2007)

The Merlin's Lift !!!

The Incredible Electric Electrician !!!

The Engineer with Psychic Powers !!!

The Fun Crane !!!

Look at Me! (2006)

Soberbia, del libro *Malos pensamientos* (2007) / *Soberbia, from the book* Malos pensamientos *(2007)*

Priming Derivatives (2007)

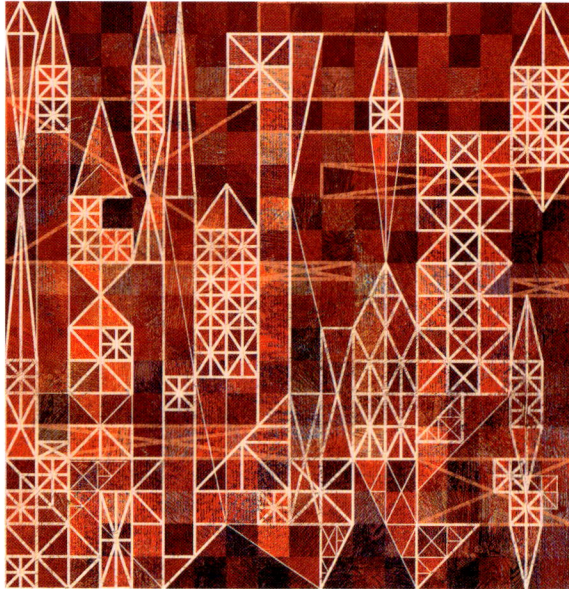

Cities (2006)

Cities (2006)

Sin título (2006) / *Untitled (2006)*

Zutana, del libro *Peleonas, mentirosas y haraganas* (2007)
Zutana, from the book Peleonas, mentirosas y haraganas (2007)

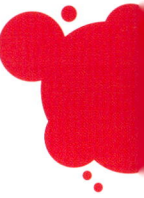

Bells & Whistles (2007)

Sun Lounger (2007)

148 (2007)

Daniel Robert

«Siempre he sido un inútil inadaptado que no podía sacar una nota mejor que un seis, así que me dediqué al diseño gráfico, en el que ser tonto no es un problema. Pero el ego me perdió, porque diseñar se me daba bien. Al final acabé trabajando para la revista *Vanidad* y el estudio Vasava, con lo que me convertí en un moderno certificado y feliz. Estaba satisfecho, pero me desilusionó la modernidad. Aprendí que ser moderno es tener buen gusto pero ser pobre y conocer chicas fáciles pero locas y drogadictas. Mi próximo proyecto no remunerado será comprarme un Ferrari color rojo-sangre-de-trabajador para atropellar bohemios en el festival Sónar y pintar en el suelo una casita con pajaros y un columpio.»

"I have always been a maladjusted idiot who could never get higher than a six out of ten, so I decided to become a graphic designer—an area where being stupid is not a problem. But my ego went wild, as I was good at designing. I ended up working for *Vanidad* magazine and the Vasava studio and turned into a real cool and happy person. I was satisfied but disappointed by modernity at the same time. I learned that being cool is about having good taste, but it also means being poor and meeting easy, crazy, drugged-up girls. For my next unpaid project, I am going to buy a red Ferrari the color of workers' blood to run over *bohos* in the Sónar music festival and paint a little house with birds and a swing on the ground."

Técnica
«Una de las pocas condiciones que impongo a mis ilustraciones, y que me impongo, es que sean totalmente vectoriales para poder escalarlas al tamaño deseado.»

Technique
"One of the few conditions I impose on my illustrations, and I impose it myself, is that they be completely vectored, so I can scan them to the desired size."

Madrid (España) info@thisisgrey.com   www.thisisgrey.com
Madrid (Spain) *info@thisisgrey.com* *www.thisisgrey.com*

151 (2007)

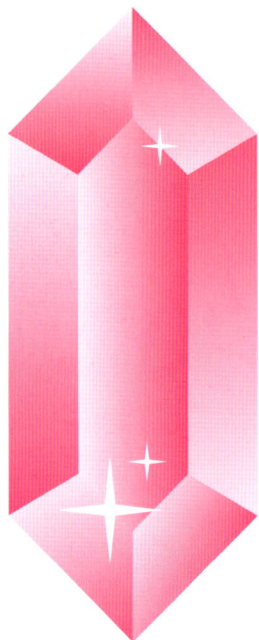

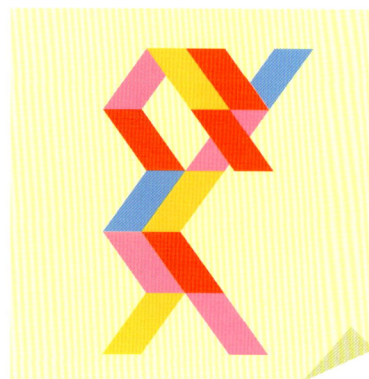

153 (2007)

152 (2007)

Redcompra (2007)

Delrancho

Delrancho es el seudónimo bajo el que trabaja el ilustrador y diseñador gráfico chileno Ricardo Villavicencio (Santiago de Chile, 1978). Delrancho estudió Diseño en la Universidad del Pacífico e inició su carrera como director de arte en la red de agencias Lowe Leche. Seis años después, y tras lograr el reconocimiento local e internacional, dejó definitivamente la agencia para compaginar su profesión con la cátedra de Dirección de Arte en la Universidad del Pacífico. En 2008, se muda a Nueva York tras ser invitado a formar parte del equipo del estudio de diseño Brand New School.

Delrancho is the pseudonym of Chilean graphic designer/illustrator Ricardo Villavicencio (Santiago de Chile, 1978). He studied design at the Universidad del Pacífico and began his professional career as art director for the network of Lowe Leche agencies. Six years later, after having gained both local and international recognition, he left the agency and went on to combine his work with the study of art direction at the Universidad del Pacífico. In 2008, he moved to New York after being invited to join the team at the Brand New School design studio where he currently works.

Técnica

«La mayoría de mis trabajos tienen relación con el *mix media* o el *collage* digital. Los estilos y recursos conjugan vectores y píxeles, pero todo el método de composición recae en la concepción del *collage*. Una vez terminada la composición, dedico mucho esfuerzo al tratamiento del color en el ordenador.»

Technique

"The majority of my work is related to mix media or digital collages. The styles and resources combine vectors and pixels, but the entire composition method is based on the concept of the collage. Once the composition is complete, I put a lot of effort into processing the color on the computer."

Santiago de Chile (Chile) info@delrancho.org www.delrancho.org
Santiago de Chile (Chile) *info@delrancho.org* *www.delrancho.org*

Redcompra (2007)

Atlanta Golf Tournament (2006)

Kent (2005)

Kongtiki (2006)

Dr. Alderete

Dr. Alderete nació en la Patagonia argentina en 1971. Es un ilustrador pop influenciado por la cultura *trash*, las películas de ciencia ficción de los años cincuenta, la lucha libre y la música surf, universo que plasma en sus psicotrónicas ilustraciones, animaciones e historietas. Graduado por la Facultad de Bellas Artes de la Universidad Nacional de La Plata (Argentina) como Diseñador en Comunicación Visual, ha trabajado como animador para MTV, Nickelodeon y Canal Fox, entre otros clientes. Es, además, cofundador y propietario, junto con Juan Moragues, del sello discográfico Isotonic Records. Desde su laboratorio en Ciudad de México, sigue desarrollando su arte en distintos medios internacionales.

Dr. Alderete was born in Argentine Patagonia in 1971. He is a pop illustrator influenced by trash culture, 1950's science fiction films, wrestling and surf music. His psychotronic illustrations, animations and comic strips are nearly all dotted with such references. Graduating from the Fine Arts Department at La Plata National University (Argentina) as a visual communication designer, he has worked as animator for MTV, Nickelodeon and the Fox Channel, among others. He is also co-founder and owner of his own label, Isotonic Records, alongside Juan Moragues. Today he continues to develop his art in different international mediums from his laboratory in Mexico City.

Técnica

«Siempre empiezo con lápiz y papel. Una vez resuelto el trabajo en lápiz, lo escaneo y lo retrazo con algun programa de vectores –CorelDRAW, preferentemente–, donde también aplico la primera base de color, que luego concluyo en Photoshop aplicando alguna textura y/o detalle.»

Technique

"I always start with a pencil and a piece of paper. Once the pencil work is complete, I scan it and retrace it with one of the vector programs— preferably CorelDRAW—where I also apply the first color base, which is then finished on Photoshop by applying some texture or detail."

Ciudad de México (México) contacto@jorgealderete.com www.jorgealderete.com
Mexico City (Mexico) *contacto@jorgealderete.com* *www.jorgealderete.com*

Mad Kong (2006)

Alegría carioca (2006)

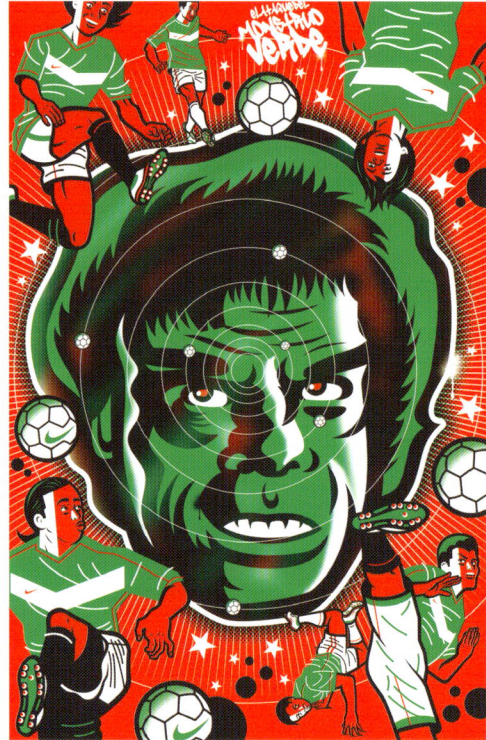
Monstruo verde (2006)

Naranja mecánica (2006)

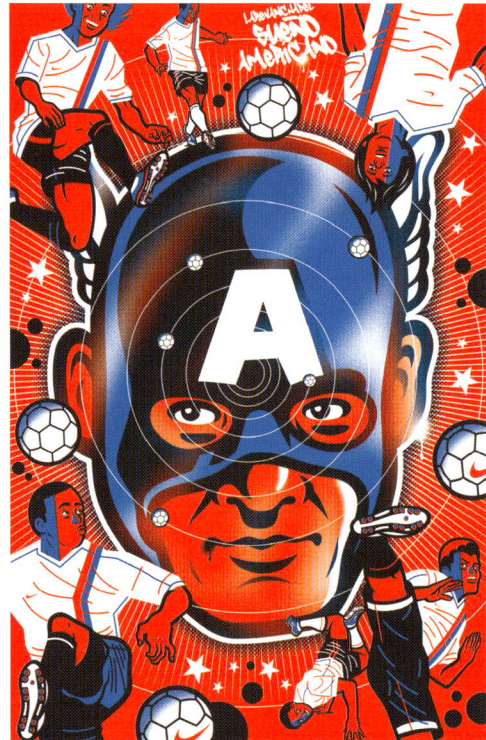
Sueño americano (2006)

Radio Pocajú Marajá (2007)

Lost Acapulco/Twang! Marvels (2006)

Spike the Dog Faced Man (2005)

Sin título / *Untitled* (2005)

Eduardo Bertone

Eduardo Bertone nació en Rosario (Argentina) en 1977, pero reside en Madrid desde 2000. Allí trabaja como ilustrador *freelance*, director de arte y diseñador para distintas agencias creativas y publicaciones internacionales, a la vez que desarrolla diversos proyectos personales. Ha participado en varias exposiciones colectivas, entre ellas *Fabrica: les yeux ouverts*, del Centre Pompidou parisino, el Museo de Arte de Shanghái y la Triennale di Milano. Por medio de sus ilustraciones, Bertone trata de vivir una experiencia pura, de forma espontánea e intentando mostrar su punto de vista sin ningún tipo de influencia.

Eduardo Bertone was born in Rosario, Argentina, in 1977 and has been living in Madrid since 2000. There he works as a freelance illustrator, art director and designer for various creative agencies and international publications, in addition to working on diverse personal projects. He has participated in various collective exhibitions, such as Fabrica: les yeux ouverts, at the Parisian Centre Pompidou, the Shanghai Art Museum and the Triennial in Milan. Through his illustrations, Bertone aims to create a pure experience in a spontaneous manner, based solely on his own viewpoint.

Técnica
«Soy un artista autodidacta, aunque estudié Diseño e Ilustración, por lo que mi técnica es un reflejo de mis debilidades y mis virtudes. Me fascinan el *art brut*, el *pop art* y también el nuevo movimiento artístico digital de Internet.»

Technique
"I am a self-taught artist, although I studied design and illustration, so I would say my technique is a reflection of my strengths and weaknesses. I am fascinated by art brut and pop art and also by the new digital artistic movement on the Internet."

Madrid (España) bertone.eduardo@gmail.com   www.bertoneeduardo.com
Madrid (Spain) bertone.eduardo@gmail.com   www.bertoneeduardo.com

Sin título / *Untitled* (2007)

Sin título / *Untitled* (2007)

Confusion 1 (2006; en colaboración con Martin Bochicchio)
Confusion 1 (2006; in collaboration with Martin Bochicchio)

Sin título / *Untitled* (2006)

Wish Come True (2006)

FriendsWithYou

FriendsWithYou (FWY) es una célula creativa fundada en 2002 por Samuel Albert Borkson (Plantation, Florida, 1979) y Arturo Sandoval III (La Habana, Cuba, 1976). Desde su creación, FWY promueve una filosofía vitalista en la que destacan los conceptos de magia, buena suerte y amistad, y que se concreta en líneas de *toyz* de coleccionista, instalaciones artísticas, áreas de juego infantiles, publicaciones, actuaciones en vivo, animaciones y proyectos multimedia. Entre sus clientes se cuentan marcas como Nike, MTV, Red Bull, Volkswagen y Coca-Cola. Sus trabajos han podido verse en eventos de todo tipo, entre ellos la Art Basel de Miami y Pictoplasma, en Berlín.

FriendsWithYou (FWY) is a creative entity founded in 2002 by Samuel Albert Borkson (Plantation, Florida, 1979) and Arturo Sandoval III (Havana, Cuba, 1976). Since its creation, FWY has adhered to a vitalist philosophy wherein concepts like magic, luck and friendship stand out. It encompasses collectors' toyz, artistic installations, children's play areas, publications, live acts, animations and multimedia projects. Their clients include important names like Nike, MTV, Red Bull, Volkswagen and Coca-Cola. Their work has been present in all kinds of events, including Art Basel in Miami and Pictoplasma in Berlin.

Técnica

«FWY trabaja para compartir su mensaje de magia, buena suerte y amistad con una comunidad cada vez más amplia y para colaborar con otras fuerzas creativas para producir trabajos innovadores que sigan redefiniendo su audiencia. FWY se creó con un solo objetivo en mente: convertirse en amigos de los demás.»

Technique

"FWY strives to share their message of magic, good luck and friendship with an ever-greater community and to work alongside other creative minds to produce innovative work that continues to redefine its audience. FWY was created with one sole objective in mind: to become friends with others."

Miami (Estados Unidos) info@friendswithyou.com www.friendswithyou.com
Miami (USA) info@friendswithyou.com www.friendswithyou.com

Wish Come True (2006)

Wish Come True (2006)

Wish Come True (2006)

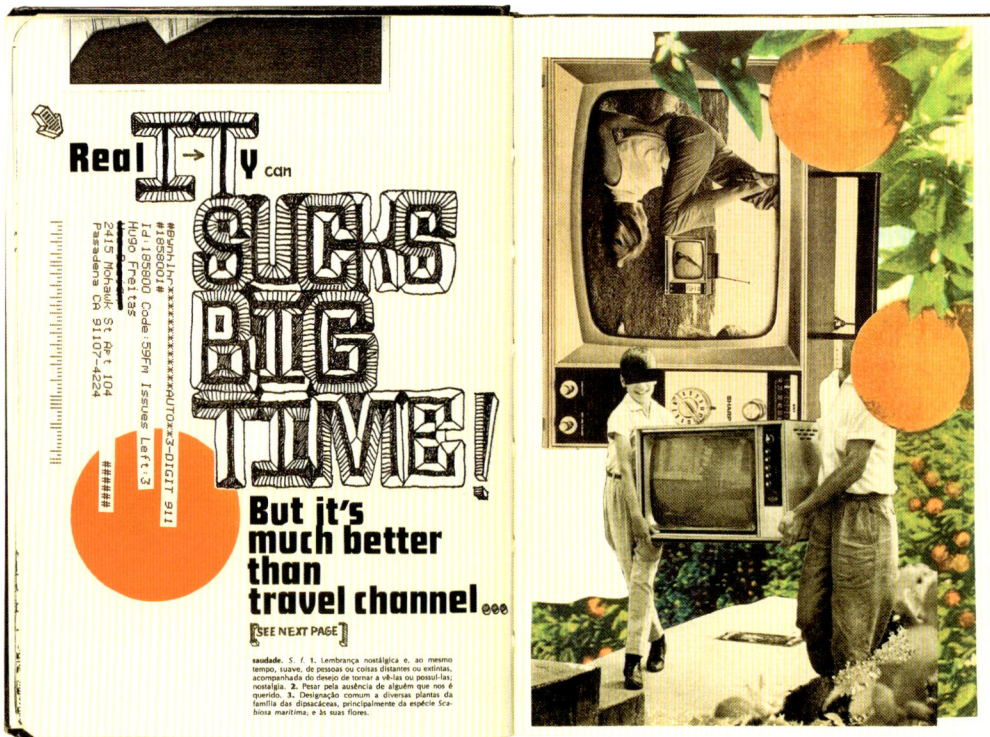

Reality Sucks (2007)

Hugo Werner

Hugo Werner nació en 1972 en Brasil, aunque su educación artística tuvo lugar en el californiano Art Center College of Design, donde se graduó con honores en 2002. De vuelta a su país natal, Werner trabajó en el ámbito de los *motion graphics* y la tipografía, una influencia claramente plasmada en las ilustraciones incluidas en estas páginas. Sus diseños e ilustraciones, básicamente carteles y *collages*, han podido verse en exposiciones celebradas en Japón, China, Rusia, Irán y prácticamente todos los países europeos. En la actualidad, Hugo Werner trabaja y da clases de tipografía en la Universidade FUMEC de Belo Horizonte, su ciudad natal.

Hugo Werner was born in 1972 in Brazil, although his artistic education took place at the Californian Art Center College of Design, where he graduated with honors in 2002. On returning home, Werner worked in the field of motion graphics and typography, an influence clearly visible in the illustrations included in this book. His designs and illustrations, mostly posters and collages, have been exhibited in Japan, China, Russia, Iran and throughout most of Europe. Today, Hugo Werner works and gives typography classes at FUMEC University in Belo Horizonte, his home town.

Técnica

«Normalmente, trabajo a partir de mi cuaderno de bocetos. Recopilo revistas antiguas y objetos de todo tipo. El proceso inicial pasa casi siempre por el *collage*, el dibujo a mano o las plantillas. Luego, utilizo el ordenador como una herramienta de composición.»

Technique

"Normally I work from my sketch book. I collect old magazines and all kinds of objects. The first part of the process nearly always involves a collage, a drawing by hand or stencil. Then I use the computer as a composition tool."

Belo Horizonte (Brasil) hugo@hugowerner.com www.hugowerner.com
Belo Horizonte (Brazil) *hugo@hugowerner.com* *www.hugowerner.com*

Language Spacesuit (2007)

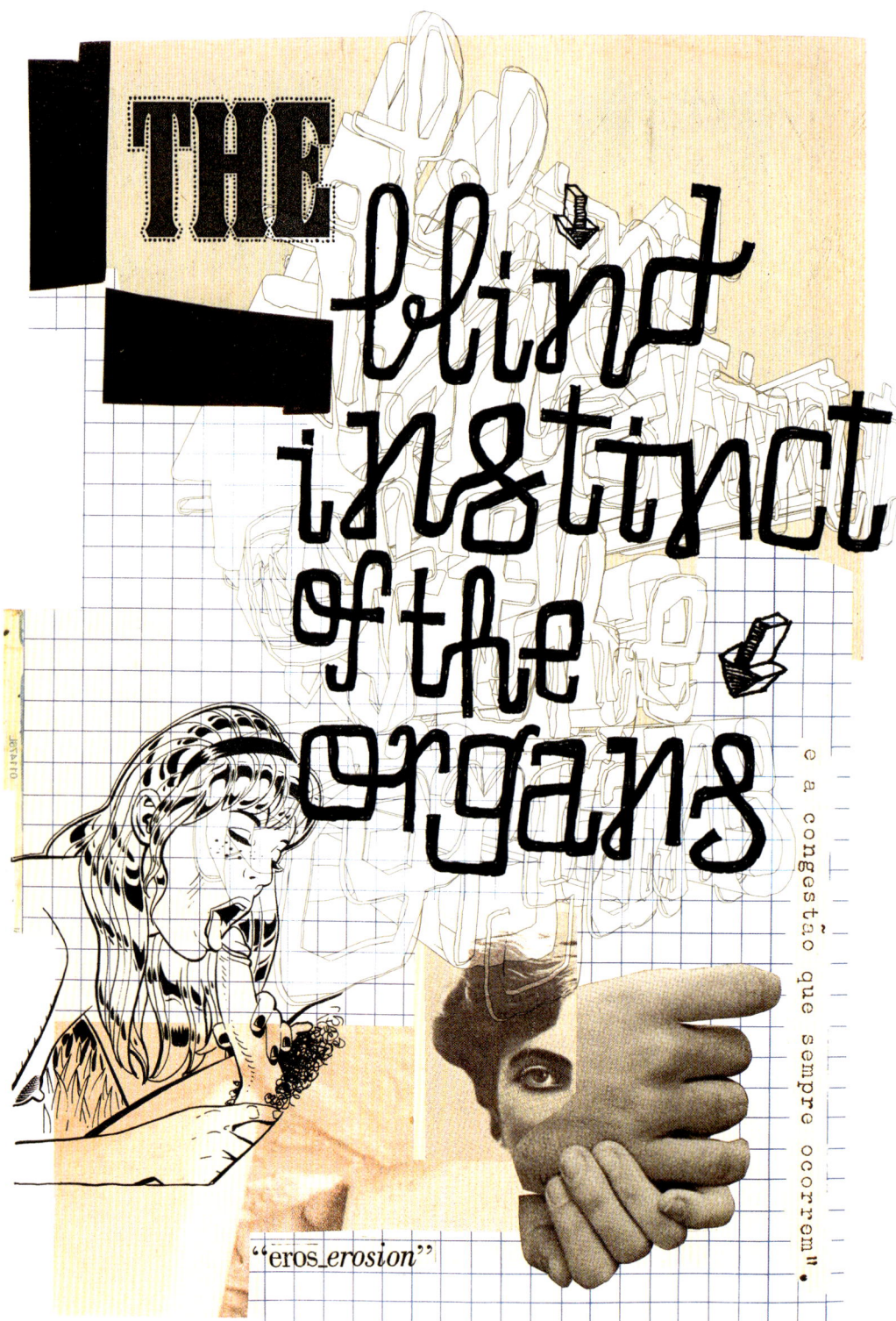

THE blind instinct of the organs

"eros_erosion"

e a congestão que sempre ocorrem".

Blind Instinct (2007)

her flesh had a sexual shine

PULL TAB TO OPEN

Sexual Shine (2007)

Experimental Typography (2007)

399 986/0001 15-J-K17

3E

NO BRASIL E OUTROS PAÍSES DO MUNDO

Nº 350 - FÉVRIER

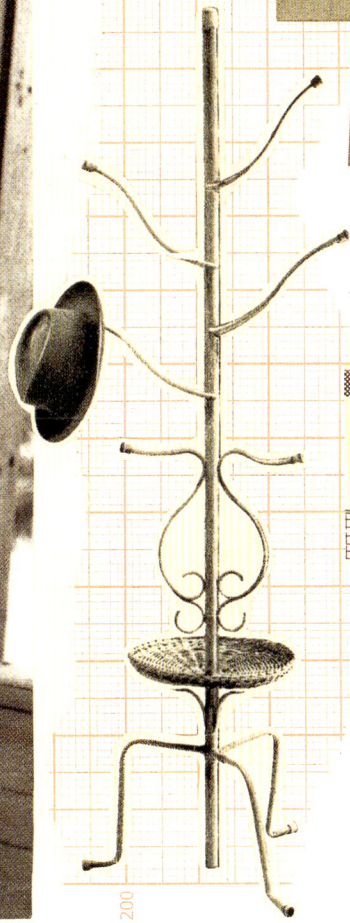

SE
XS
E
'

200

Sin título (2007) / *Untitled (2007)*

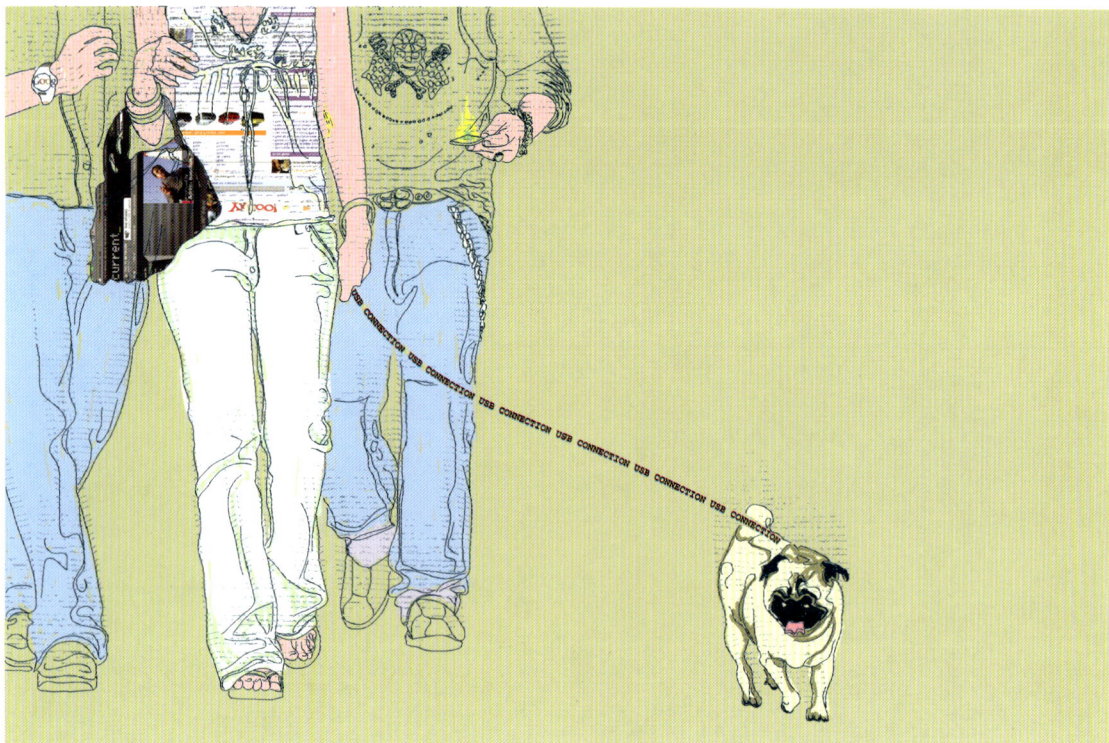

USB Connection (2006)

Idealword.org es un proyecto artístico de *net.art* desarrollado por Enrique Radigales que nació en el verano de 2003 y que se actualiza regularmente. Su propósito es evidenciar la heterogeneidad de formatos (digitales y analógicos) disponibles en el terreno artístico, y muy especialmente en el *net.art*. A través de la página web, es posible reproducir hasta el infinito una misma obra artística en diferentes tamaños y formatos. De esta manera, los responsables del proyecto acercan al espectador a la obra artística, lo hacen partícipe de su representación y de su plasmación en uno u otro formato y marcan las diferencias entre la representación analógica tradicional del arte clásico y la digital del *net.art*.

Idealword.org is a regularly updated net.art project developed by Enrique Radigales in the summer of 2003. It aims to show the heterogeneity of formats (digital and analog) available in the artistic world and especially on net.art. The webpage enables a work of art to be reproduced infinitely in different sizes and formats. In this way, those responsible for the project bring the spectator closer to the work of art, allowing them to take part in its representation and in its creation in different formats. They also highlight the differences between traditional analog representations of classic art and the digital representations of net.art.

Técnica

«Trabajo con un PC antiguo y con un programa de dibujo vectorial de hará unos 10 años. Pienso el motivo antes de dibujar nada; a veces me ayuda algún diccionario. Después, busco imágenes en Google y dibujo con la tableta gráfica.»

Technique

"I work with an old PC and a 10-year-old vector drawing program. Before drawing anything, I think about the reason; sometimes I use a dictionary for help. Then I look for images on Google and I draw with the graphic table."

Madrid (España) enrique@idealword.org www.idealword.org
Madrid (Spain) *enrique@idealword.org* *www.idealword.org*

Idealword.org

Más allá del lujo (2008)

Tecnología (2007)

Diesel, PC City (2008)

Absolut (2007)

Cartel autopromocional (2005) / *Self-promotion poster (2005)*

Julia Pfaller

Julia Pfaller es una ilustradora y diseñadora nacida en 1975 en el sur de Alemania. En 2002 finalizó sus estudios de Diseño Gráfico e Ilustración, y desde 2003 vive en Berlín, donde tiene su estudio, Wallstreet One, que también funciona como galería, y donde trabaja con los ilustradores y diseñadores gráficos Maria Tackmann, Tina Berning y Lulu*, entre otros. Ha expuesto su obra en galerías de Berlín y Budapest, y entre sus clientes encontramos nombres como Adidas, *The Washington Post*, la editorial berlinesa Die Gestalten Verlag, *Neon Magazine*, *Indie Magazine* y la edición alemana de la revista estadounidense *Vanity Fair*.

Julia Pfaller is an illustrator/designer who was born in 1975 in southern Germany. In 2002, she finished her graphic design and illustration studies. Since 2003, she has lived in Berlin, home to her studio, Wallstreet One. It also serves as a gallery, and she works there with the illustrators and graphic designers Maria Tackmann, Tina Berning and Lulu, among others. Her work has been exhibited in galleries in Berlin and Budapest, and her clients include names such as Adidas, The Washington Post, the Berlin publishing house Die Gestalten Verlag, Neon Magazine, Indie Magazine and the German edition of the American magazine Vanity Fair.*

Técnica

«En realidad, parte de mis ilustraciones son analógicas y parte están hechas a mano, sobre papel de *collage* y con tinta, pero suelo combinar eso con elementos digitales y con un tratamiento posterior, en el que utilizo el programa Photoshop.»

Technique

"Actually, some of my illustrations are analogue and some are done by hand on collage paper and in ink; however, I usually combine this with digital elements and further touch-ups on Photoshop."

Berlín (Alemania) jp@juliapfaller.de www.juliapfaller.de
Berlin (Germany) *jp@juliapfaller.de* *www.juliapfaller.de*

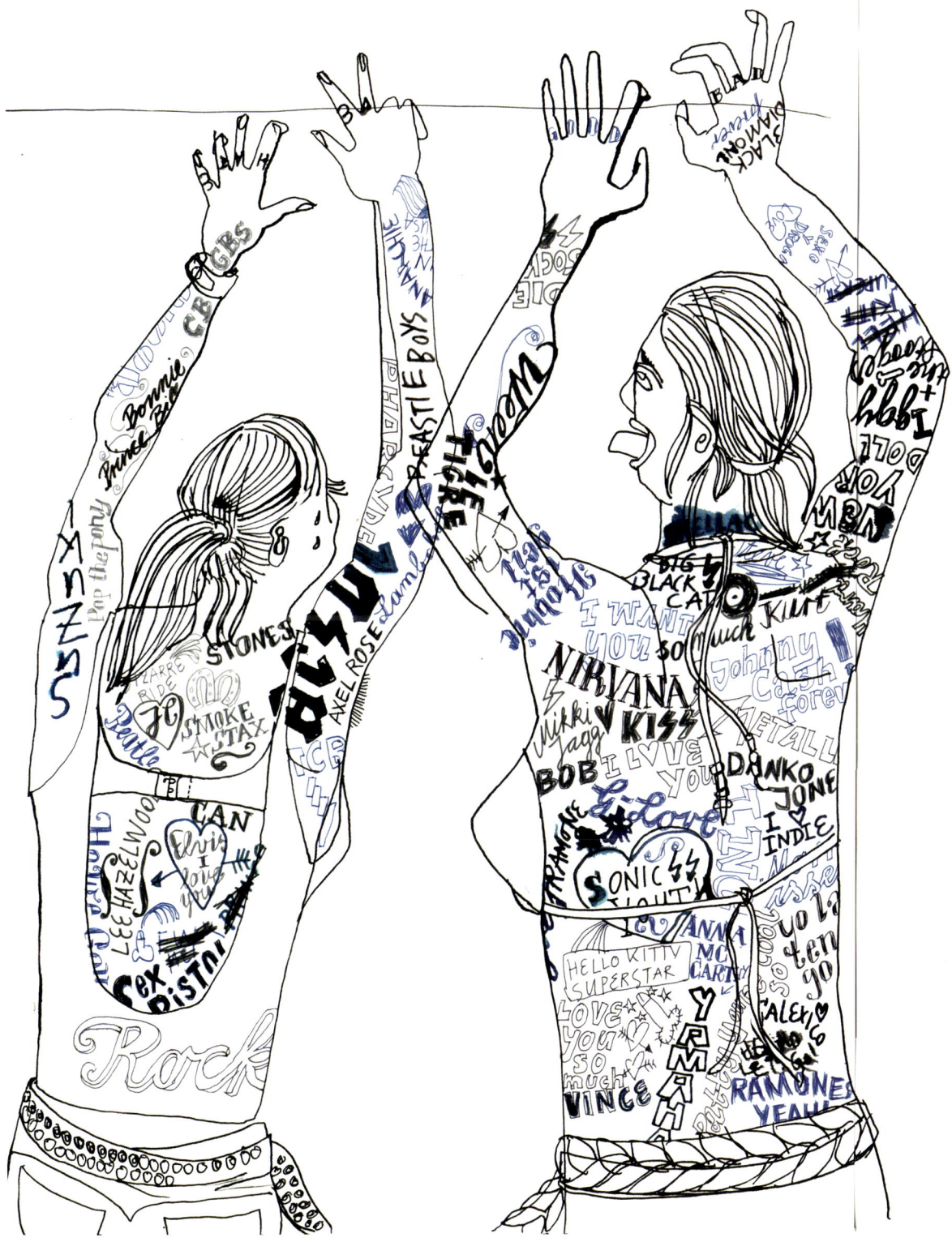

Ilustración para *Indie Magazine* (2006) / Illustration for *Indie Magazine* (2006)

Sin título (2007) / *Untitled (2007)*

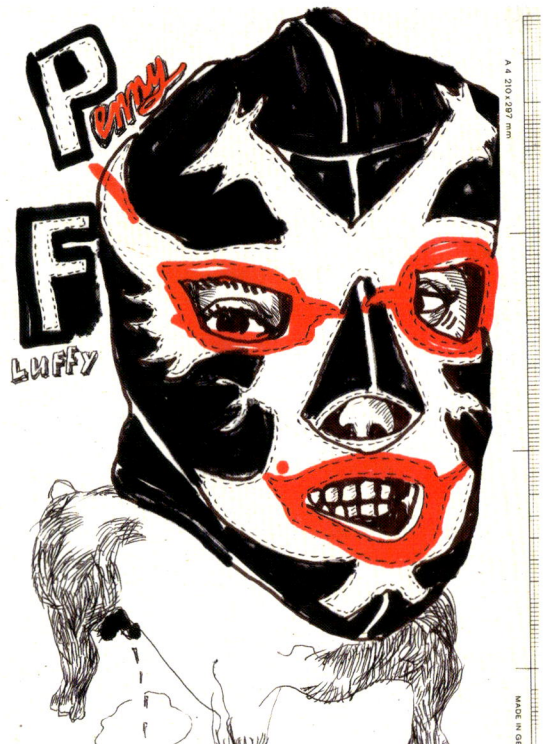
Sin título (2007) / *Untitled (2007)*

Cartel autopromocional (2005) / *Self-promotion poster (2005)*

Sin título (2007) / *Untitled (2007)*

Ilustración para *Indie Magazine* (2006) / *Illustrations for Indie Magazine* (2006)

Ilustraciones para el libro *1001 Nights* (2006)
Illustrations for the book 1001 Nights (2006)

Ilustraciones para el libro *1001 Nights* (2006)
Illustrations for the book 1001 Nights (2006)

Sin título (2007) / *Untitled (2007)*

Cartel autopromocional (2005)
Self-promotion poster (2005)

JULIAPFALLER.DE

jp@juliapfaller.de

JULIA PFALLER

ILLUSTRATION

BERLIN

T +49-30-69818482
M +49-176-20079562

Cartel autopromocional (2005) / *Self-promotion poster (2005)*

Ilustración para los escaparates de la tienda Atrium (2006) / *Illustration for the Atrium store shop window (2006)*

Julia Rothman

Julia Rothman es una ilustradora y diseñadora de patrones que trabaja y vive, con su novio Matty y su mascota *Rudy*, en el barrio neoyorquino de Brooklyn. Se graduó en Ilustración por la Rhode Island School of Design en 2002. Su amplia lista de clientes comprende desde My Little Pony hasta la revista *Playgirl*, pasando por la tienda de ropa Atrium o la revista *Details*. Sus patrones adornan papeles de pared, almohadas, tazas o artículos de papelería. Rothman es, asimismo, una tercera parte de Also, una agencia que diseña páginas web animadas para pequeñas empresas, y la responsable de *Book by Its Cover*, un *blog* de arte y diseño que se actualiza a diario.

Julia Rothman is an illustrator/designer who lives and works with her boyfriend Matty and her pet Rudy in New York's Brooklyn. She graduated in 2002 from the Rhode Island School of Design. Her wide list of clients ranges from My Little Pony to Playgirl magazine, as well as the clothes store Atrium and Details magazine. Her patterns decorate wall paper, cushions, cups and paper goods. Rothman and two associates manage Also, an agency that designs animated web pages for small companies. She also runs Book by Its Cover, an art and design blog which is updated on a daily basis.

Técnica

«Uso el Adobe Illustrator para crear mis ilustraciones digitales. Por lo general, utilizo fotografías como referencia. No suelo abocetar nada, y trabajo directamente desde el ordenador. Dibujo los elementos por separado y luego los junto en pantalla.»

Technique

"I use Adobe Illustrator to create my digital illustrations. Normally I use photographs as a starting point. I don't usually sketch anything; I work straight from the computer. I draw elements separately, and then I join them together on the screen."

Nueva York (Estados Unidos) julia@also-online.com www.juliarothman.com
New York (USA) *julia@also-online.com www.juliarothman.com*

She noticed him immediately...

Ilustración para la revista *Details* (2005) / *Illustration for Details magazine* (2005)

Ilustración para los escaparates de la tienda Atrium (2006)
Illustration for the Atrium store shop window (2006)

Ilustración para los escaparates de la tienda Atrium (2006)
Illustration for the Atrium store shop window (2006)

Chanel No. 5 (2005)

Ilustración para los escaparates de la tienda Atrium (2006)
Illustration for the Atrium store shop window (2006)

Ilustración para la revista *Details* (2005)
Illustration for Details magazine (2005)

Hermès Scarf (2005)

Using Green Energy (2007)

Katy Lemay descubrió su pasión por la ilustración mientras finalizaba sus estudios de Diseño Gráfico en la Universidad de Quebec, en Montreal. Fue en esa misma época cuando desarrolló su particular estilo, que consistía en la combinación de objetos y fotografías en una misma ilustración. Actualmente, ha abandonado los objetos para centrarse en las perspectivas y las fotografías. Su trabajo ha aparecido en varias revistas y publicaciones estadounidenses y canadienses de los sectores más diversos, y su lista de clientes incluye nombres como *Time*, *The Chicago Tribune*, United Postal Services, *The Wall Street Journal*, *How Magazine* y Bloomberg.

Katy Lemay unleashed her passion for illustration while she was completing her graphic design studies at Quebec University in Montreal. It was at this time that she developed her own unique style by combining objects and photographs in the same illustration. Today she has left the objects aside to concentrate on perspectives and photography. Her work has appeared in various magazines and American and Canadian publications from a wide range of sectors. Her client list includes names such as Time, The Chicago Tribune, United Postal Services, The Wall Street Journal, How Magazine and Bloomberg.

Técnica
«Mi técnica es digital casi al cien por cien. Primero realizo un boceto sobre papel, y después intento encontrar una foto que se adapte a él. Escaneo las manchas de color que hago con *gouache* o acrílico y las mezclo con las fotos utilizando el ordenador a modo de tijeras.»

Technique
"My technique is nearly 100 percent digital. First I sketch on a piece of paper, and then I try to find a photo will go along with it. I scan the splashes of color that I create with gouache paint or acrylic, and I mix them with the photographs using the computer like a pair of scissors."

Katy Lemay

Montreal (Canadá) katylemay@sympatico.ca www.agoodson.com
Montreal (Canada) *katylemay@sympatico.ca* *www.agoodson.com*

The Physicist (2007)

Marisol (2007)

Singlehood (2007)

Printing Green (2007)

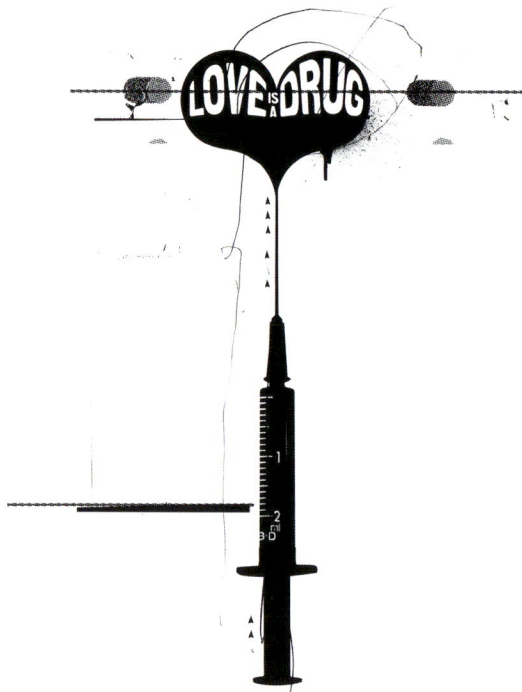
Love is a Drug (2006)

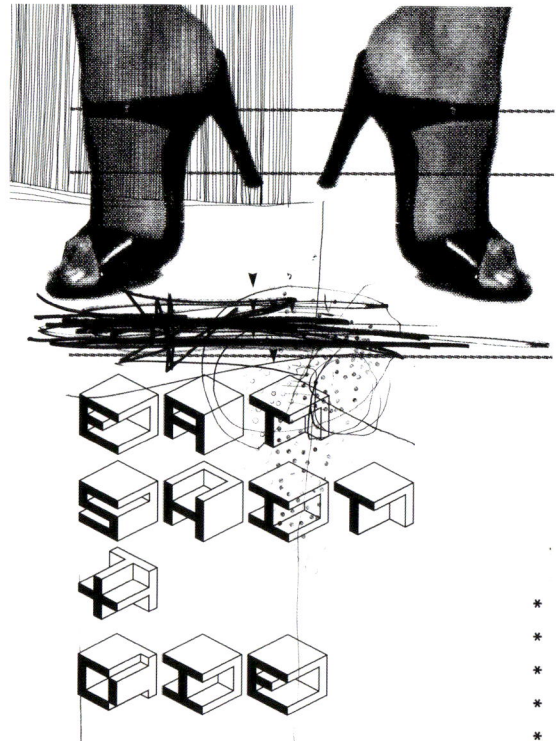
Eat Shit + Die (2006)

Kerry Roper

Kerry Roper estudió Diseño Gráfico y Publicidad en el Buckinghamshire College, en las afueras de Londres. Su trabajo como diseñador gráfico e ilustrador combina la ilustración tradicional, la fotografía y la tipografía. Su trabajo ha podido verse en exposiciones como *Native Weapon*, organizada en 2004, o en galerías como la a.k.a. Gallery de Roma, en 2005. Roper ha diseñado portadas para sellos discográficos como Hed Kandi, Peacefrog y Quiet City Recordings, y ha ilustrado campañas de publicidad para la marca Snickers. Su trabajo ha aparecido también en libros como *It´s a Matter of Illustration* y *Thousand Type Treatments*, y en revistas de diseño como la japonesa *+81*.

Kerry Roper studied graphic design and advertising at Buckinghamshire College, just outside London. His work as a graphic designer and illustrator combines traditional illustration, photography and typography. His work has been seen in exhibitions such as Native Weapon, organized in 2004, or in galleries such as the a.k.a Gallery in Rome in 2005. Roper has designed covers for record labels such as Hed Kandi, Peacefrog and Quiet City Recordings and has illustrated advertising campaigns for Snickers. His work has also appeared in books such as It´s a Matter of Illustration and Thousand Type Treatments and in design magazines such as the Japanese +81.

Técnica
«Produzco todos mis trabajos en Photoshop. Combino texturas orgánicas para ayudar a que la obra tenga un acabado más natural, aunque lo realmente importante en mis ilustraciones son las ideas.»

Technique
"I produce all my work on Photoshop. I combine organic textures so that the work has a more natural finish, although really the ideas are the most important part of my illustrations."

Londres (Reino Unido) kerry@youarebeautiful.co.uk www.youarebeautiful.co.uk
London (United Kingdom) kerry@youarebeautiful.co.uk www.youarebeautiful.co.uk

I Love God and Poker (2006)

I Love Cake (2004)

A Girl Called Candy (2005)

Snickers (2005)

Rome Snowboards (2007)

Nike Air Jordan (2006)

Nike Air Jordan (2006)

Carátula para Devil's Gun (2007) / *Sleeve for Devil's Gun (2007)*

Carátula para Devil's Gun (2007) / *Sleeve for Devil's Gun (2007)*

Carátula para The Beauty Room (2007) / *Sleeve for The Beauty Room (2007)*

Date: Thursday 5 July   DJs: G the P & Grandmaster Nolan   The Get Involved DJs return home to   If you like dancing, smiling, whooping for joy   www.myspace.com/getinvolvedclub
Time: 7pm-1am   The Social after a fun-filled Glastonbury trip,   and monkeying around with a pair of maracas to a
Entry: FREE   tired out with big smiles on their faces.   soundtrack of the most uplifting records ever
Venue: The Social.   No guest DJ this month as G the P and Grandmaster committed to wax, what the heck are you waiting for?
5 Little Portland St,   Nolan answer Mastermind questions (via the medium Get involved!
W1   of old records) on their specialist subject:
                                                       Tracks that make you get up and dance,
                                                       clap your hands and say Yeah!

IF YOU COULD...
DRAW/WRITE YOUR MESSAGE
BELOW, WHAT WOULD YOU DO?
GET
INVOLVED!

TAKE MY DOG DISCO DANCIN'

Graphic design by Build

Póster Get Involved (2007; concepto de Build, ilustración de Kerry Roper)
Get Involved poster (2007; concept by Build, illustration by Kerry Roper)

Ilustración para la revista *Eurowoman* (2005)
Illustration for Eurowoman magazine (2005)

Ilustración para la revista *Eurowoman* (2005)
Illustration for Eurowoman magazine (2005)

Lisa Grue

Lisa Grue, artista danesa nacida en el año 1971, se graduó en Diseño Gráfico por la Danmarks Designskole de Copenhague en 2001, aunque también es titulada en Diseño Textil. Poco después de acabar sus estudios, creo su propio estudio de diseño gráfico, Underwerket, nombre bajo el cual aún opera. En Underwerket, trabaja como diseñadora gráfica y directora de arte para diferentes revistas y publicaciones de arte y moda, aunque la mayor parte de su trabajo consiste en la realización de ilustraciones de moda. Su estilo ha sido alabado por su inusual mezcla de ideas barrocas y poética feminidad. Entre sus clientes y colaboradores se encuentran la diseñadora Anna Sui y las revistas *Nylon*, *Glamour* y *KidRobot*.

Lisa Grue, a Danish artist born in 1971, graduated in graphic design from the Copenhagen Danmarks Designskole in 2001, in addition to being a textile design graduate. Shortly after finishing her studies, she created her own graphic design studio, Underwerket, which she continues to run. She works as a graphic designer and art director for various art and fashion magazines and publications, although the bulk of her work is the creation of illustrations for the fashion world. Her style has been lauded for its unusual blend of the baroque with feminine poetry. Her clients and colleagues include the designer Anna Sui and the magazines Nylon, Glamour and KidRobot.

Técnica

«Trabajo con diferentes técnicas para no aburrirme. También suelo experimentar. Utilizo ceras, acuarelas, tinta y acrílicos, que posteriormente mezclo en el ordenador, aunque muchas veces trabajo directamente en Photoshop.»

Technique

"I work with different techniques to keep myself interested. I quite often experiment. I work with wax, watercolors, ink and acrylics, which I then mix on the computer; however, a lot of the time I work directly in Photoshop."

Copenhague (Dinamarca) lisa@underwerket.dk   www.underwerket.dk
Copenhagen (Denmark) lisa@underwerket.dk   www.underwerket.dk

Loves You, Loves You Not (2006)

Dating Week (2007)

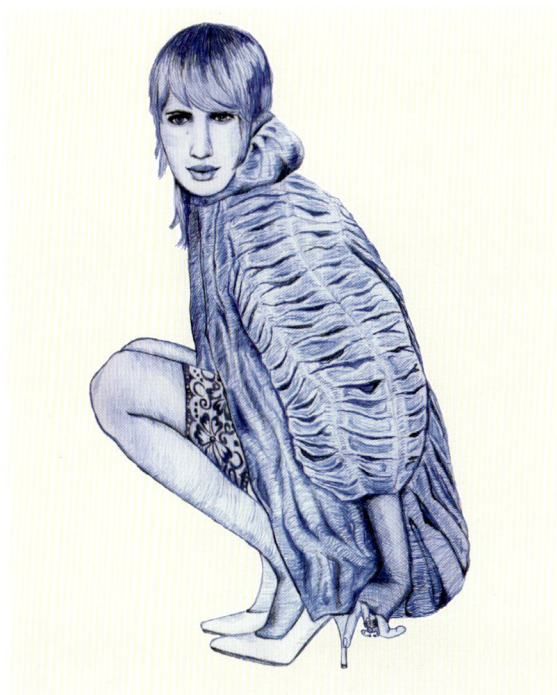

Boceto Lady in Blue (2003) / *Lady in Blue sketch (2003)*

Boceto sin nombre (2006) / *Untitled sketch (2006)*

Ilustración para la revista *Costume* (2007)
Illustration for Costume magazine (2007)

Unicorn Rocks (2006)

Art Nouveau Mix (2007)

Yes I Am Wise (2007)

Beat It (2007)

Ilustración para la revista *Nylon* (2007)
Illustration for Nylon magazine (2007)

Ilustración para la revista *Nylon* (2007)
Illustration for Nylon magazine (2007)

Ilustración para la diseñadora Anna Sui (2007) / *Illustration for the designer Anna Sui (2007)*

Come with Me (2007)

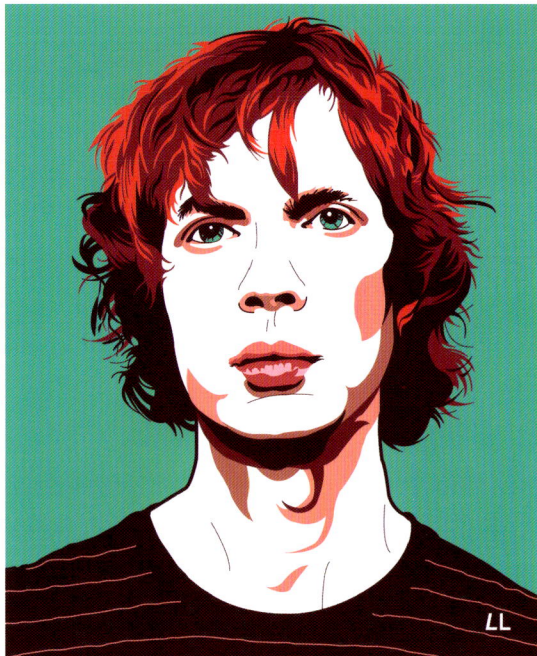
Beck (2006)

Ray Charles (2006)

Luca Laurenti

El italiano Luca Laurenti, también conocido por el seudónimo artístico Mklane, es un ilustrador, diseñador gráfico y director creativo afincado en Roma. Sus trabajos, básicamente para el mundo editorial y el de la moda, se han publicado en las revistas *Billboard*, *Rolling Stone*, *Sportswear International*, *Urb Magazine*, *Seattle Metropolitan*, *XL*, *Cover*, *Toy2r* y *Graniph*, entre otras, además de en libros como *Illustration Now 2*, de la editorial Taschen. Suyas son también las ilustraciones de los más de 40 diseñadores gráficos holandeses incluidos en el libro *Grafisch design in Nederland*, publicado por la editorial Librero en Los Países Bajos.

Italian artist Luca Laurenti, also known by the pseudonym Mklane, is an illustrator, graphic designer and creative director based in Rome. His work, mostly for the publishing and fashion world, can be seen in Billboard, Rolling Stone, Sportswear International, Urb Magazine, Seattle Metropolitan, XL, Cover, Toy2r, and Graniph, among others. He also collaborated with the Taschen publishing house on the book Illustration Now 2. Lastly, the illustrations of the more than 40 Dutch graphic designers featured in the book Grafisch design in Nederland, published by the Librero publishing house in the Netherlands, are also his own.

Técnica

«No hay una filosofía detrás de mi trabajo. Intento no tener un estilo fijo, sino adaptarme a lo que debo comunicar. El "toque digital" me ha ayudado a ello, pero lo mejor de todo es poder trabajar con mis propias manos, aunque sea en el ordenador.»

Technique

"There is no philosophy behind my work. I try not to have a fixed style, but adapt to what I need to get across, instead. The 'digital touch' has helped me to achieve this, but the best thing is being able to work with my own hands, even if it is on the computer."

Roma (Italia) info@mklane.com www.mklane.com
Rome (Italy) info@mklane.com www.mklane.com

Quincy Jones (2008)

Soldiers (2007)

Mexico 68 (2007)

Marguerite Sauvage

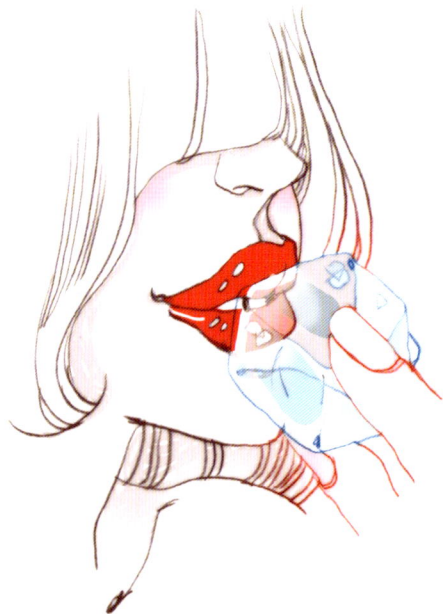
Fresh Kiss (2008)

Wild Music (2008)

En París, su lugar de residencia, Marguerite Sauvage trabaja como ilustradora, artista y animadora con sus diseños de aire chic y contemporáneo, que reflejan el estilo de vida de los modernos jóvenes *trendsetters*. Sauvage creció cerca de la pequeña ciudad de Coulommiers, al este de París. Marguerite, de formación inicialmente autodidacta, no decidió dedicarse a la ilustración hasta graduarse en la universidad, en 2001. Su estilo, elegante y accesible para todo tipo de público, ha aparecido en libros ilustrados para niños, libros, novelas, revistas de moda y tendencias, e incluso en publicidad. Swarovski, Christofle, John Lobb, Whirlpool, L'Oréal, Urban Decay, Nestlé o Continental Airlines son algunos de sus clientes.

Marguerite Sauvage lives and works in Paris. She works as an illustrator, artist and animator, with her contemporary and chic designs reflecting the lifestyle of young trendsetters. Sauvage grew up near the small town of Coulommiers, east of Paris. Initially self-taught, she only dedicated herself fully to illustration after she graduated from university in 2001. Her elegant and accessible style has appeared in children's illustrated books, novels, and in fashion magazines and advertising, as well. Swarovski, Christofle, John Lobb, Whirlpool, L'Oréal, Urban Decay, Nestlé and Continental Airlines are some of her clients.

Técnica

«Todo mi trabajo se acaba en el ordenador, pero suelo empezar con bocetos a lápiz. Luego, los paso al ordenador, con el que a veces manipulo la composición y añado elementos fotográficos antes de aplicar el color digitalmente.»

Technique

"I finish all my work on the computer, but I usually begin with hand-drawn sketches. Then I transfer them onto the computer, where I can alter the composition and add photographic elements before digitally applying the color."

París (Francia) margueritesauvage@gmail.com www.margueritesauvage.com
Paris (France) *margueritesauvage@gmail.com www.margueritesauvage.com*

French Pâtisserie (2008)

Portrait de famille (2008)

Bring Me My Champagne! (2007)

Fresh (2008)

Madonna and Prince (2007)

Doll (2007)

My New Hair Cut (2007)

Tom Yorke (2007)

The Good Ones! (2007)

Fate Be the Handspike (2006)

Micke Tong

Micke Tong inició su andadura «digital» en el mundo de la ilustración inmediatamente después de acabar sus estudios de Nuevos Medios en la Academy of Art University de San Francisco (Estados Unidos), coincidiendo con la llamada «edad dorada» de Internet. A pesar de que había empezado en el terreno de la ilustración dibujando a mano y utilizando técnicas tradicionales, era sólo cuestión de tiempo que acabara pasándose al ordenador y elaborara sus obras por medios completamente digitales. Su trabajo es, en definitiva, su manera de integrarse en su entorno, de descubrirse a sí mismo y de manipular acontecimientos históricos para manifestar un determinado punto de vista.

Micke Tong's first brush with the world of digital illustration came immediately after finalizing his new media studies at the San Francisco University Art Academy, USA, during the golden age of the Internet. Despite having started out illustrating by hand using traditional techniques, it was only a matter of time before he started to use the computer and create entirely in digital. His work is his way of being at one with his surroundings. It helps him find himself, and he can also manipulate historic events in order to demonstrate a certain point of view.

Técnica

«Me planteo mis ilustraciones como una memoria personal o como una conversación con el espectador porque, como la vida misma, mi arte y mis técnicas evolucionan con el tiempo. Aunque mi trabajo es mayoritariamente digital, también incluye el dibujo a mano, la pintura, las *performances* y las instalaciones.»

Technique

"I see my illustrations as a personal memory or as a conversation with the spectator, because like life itself, my art and techniques evolve over time. Although my work is mostly digital, I also include hand drawing, painting, performances and installations."

San Francisco (Estados Unidos) designastronaut@gmail.com www.micketong.com
San Francisco (USA) designastronaut@gmail.com www.micketong.com

Tribute to the White Rose (2007)

Hope (2007)

East Made West (2007)

Turf Wars (2007)

The Coney Island Cyclone (2006)

Miles Donovan

Miles Donovan es un ilustrador británico afincado en Londres. Estudió Ilustración en la Universidad de Brighton entre 1995 y 1998, y lleva trabajando como ilustrador 10 años. Su obra ha aparecido en revistas y publicaciones como *The New York Times*, *The Observer*, *Billboard* y *Creative Review*, así como en *Illusive*, *The Fundamentals of Illustration*, *Pen and Mouse* e *Illustration Play*. Cofundador del colectivo Peepshow, Miles ha trabajado como diseñador, director y animador de arte para la BBC, Nike, Channel Four, Toyota, Diesel y Coca-Cola, entre otros.

Miles Donovan is a British illustrator based in London. He studied illustration at the University of Brighton between 1995 and 1998 and has been working as an illustrator for 10 years. His work has appeared in magazines and publications such as The New York Times, The Observer, Billboard and Creative Review, as well as in Illusive, The Fundamentals of Illustration, Pen and Mouse and Illustration Play. Co-founder of the Peepshow collective, Miles has worked as designer, art director and animator for the BBC, Nike, Channel Four, Toyota, Diesel and Coca-Cola, among others.

Técnica

«No es fácil de describir. Empiezo con fotos que he encontrado en revistas o en Internet o que he tomado yo mismo, o con composiciones trabajadas en el ordenador; luego las imprimo, las recorto, las paso a espray y las reconstruyo, o las escaneo de nuevo.»

Technique

"It is not easy to describe. I begin with photos I find in magazines, on the Internet, ones that I have taken myself or with compositions created on the computer. I then print them, trim them and convert them into spray. Then I rebuild them or scan them again."

Londres (Reino Unido) m@milesdonovan.co.uk www.milesdonovan.co.uk
London (United Kingdom) *m@milesdonovan.co.uk* *www.milesdonovan.co.uk*

BBC 1Xtra Hip Hop Weekend (2005)

Prince (2005)

Urban Trendsetters (2006)

Bingo Calling (2005)

Olivier Kugler

Olivier Kugler nació en Stuttgart (Alemania), aunque creció en Simmozheim, un pequeño pueblo de la Selva Negra. Influido por el cómic belga y francés, y por Otto Dix, estudió Diseño Gráfico en Pforzheim y fue diseñador en Karlsruhe durante algunos años. Aburrido con su trabajo, y becado por el DAAD (Servicio Alemán de Intercambio Académico), cursó un máster de Ilustración en la School of Visual Arts de Nueva York. Desde entonces, trabaja como ilustrador en su estudio, en Londres, para clientes de todo el mundo, entre ellos *The Guardian*, *The New York Times*, *New York Magazine*, *The New Yorker* y *Reader's Digest*.

Olivier Kugler was born in Stuttgart, Germany, although he was raised in Simmozheim, a small village in the Black Forest. Influenced by French and Belgian comics and by Otto Dix, he studied graphic design in Pforzheim and was a designer in Karlsruhe for several years. Bored with his job and subsidized by the German Academic Exchange Service, he obtained Master's degree in illustration from the School of Visual Arts of New York. Since then, he has worked as illustrator from his studio in London for clients all over the world, including The Guardian, The New York Times, New York Magazine, The New Yorker *and* Reader's Digest.

Técnica
«Siempre que me es posible, trabajo *in situ* con un *sketchpad*, aunque también dibujo a partir de fotos de referencia desde mi estudio, lo que me permite escuchar música mientras trabajo. Luego, escaneo los dibujos y los coloreo digitalmente.»

Technique
"Whenever possible, I work in situ with a sketchpad, although I also draw, using photos as a reference point in my study, and that allows me to listen to music as I work. Then I scan the drawings and color them digitally."

Londres (Reino Unido) ol_kugler@hotmail.com www.olivierkugler.com
London (United Kingdom) *ol_kugler@hotmail.com* *www.olivierkugler.com*

Mailboat M/S Masin, Faroe Islands (2007)

Captain Hammer (2007)

Tórshavn, Faroe Islands (2007)

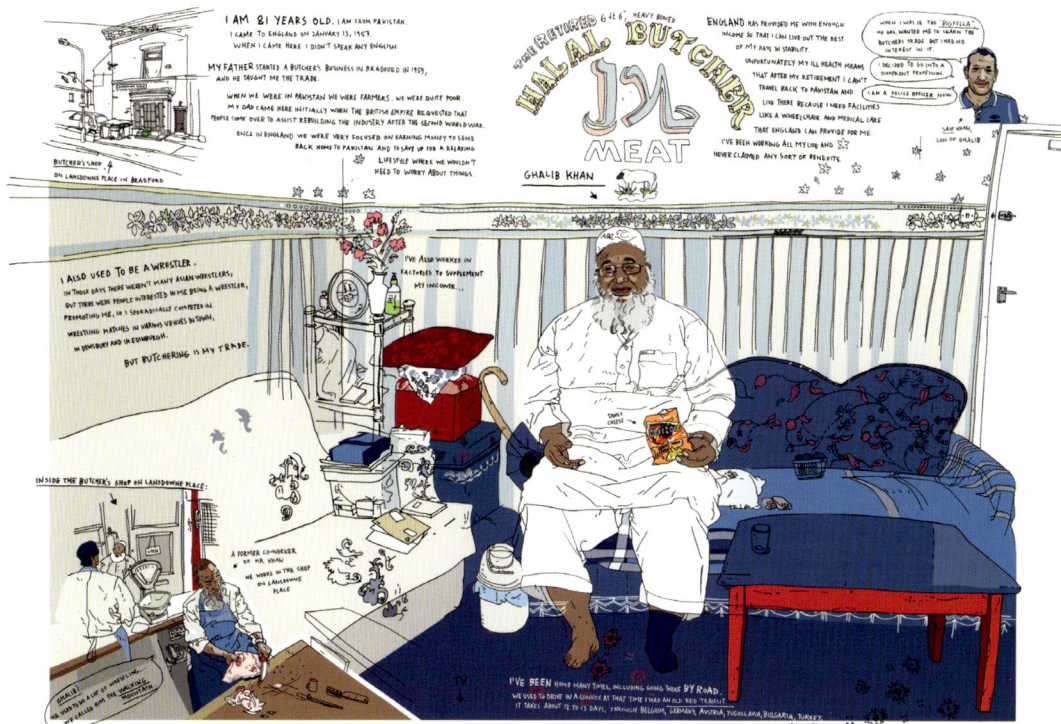

I AM 81 YEARS OLD. I AM FROM PAKISTAN. I CAME TO ENGLAND ON JANUARY 13, 1957. WHEN I CAME HERE I DIDN'T SPEAK ANY ENGLISH.

MY FATHER STARTED A BUTCHER'S BUSINESS IN BRADFORD IN 1959, AND HE TAUGHT ME THE TRADE.

WHEN WE WERE IN PAKISTAN WE WERE FARMERS. WE WERE QUITE POOR. MY DAD CAME HERE INITIALLY WHEN THE BRITISH EMPIRE REQUESTED THAT PEOPLE COME OVER TO ASSIST REBUILDING THE INDUSTRY AFTER THE SECOND WORLD WAR.

ONCE IN ENGLAND WE WERE VERY FOCUSED ON EARNING MONEY TO SEND BACK HOME TO PAKISTAN AND TO SAVE UP FOR A RELAXING LIFESTYLE WHERE WE WOULDN'T NEED TO WORRY ABOUT THINGS.

BUTCHER'S SHOP ON LANSDOWNE PLACE IN BRADFORD

THE RETIRED 6ft 6", HEAVY BONED

HALAL BUTCHER

MEAT

GHALIB KHAN

ENGLAND HAS PROVIDED ME WITH ENOUGH INCOME SO THAT I CAN LIVE OUT THE REST OF MY DAYS IN STABILITY.

UNFORTUNATELY MY ILL HEALTH MEANS THAT AFTER MY RETIREMENT I CAN'T TRAVEL BACK TO PAKISTAN AND LIVE THERE BECAUSE I NEED FACILITIES LIKE A WHEELCHAIR AND MEDICAL CARE THAT ENGLAND CAN PROVIDE FOR ME. I'VE BEEN WORKING ALL MY LIFE AND NEVER CLAIMED ANY SORT OF BENEFITS.

WHEN I WAS IN THE MAFELLA HE HAD WANTED ME TO LEARN THE BUTCHERY TRADE BUT I HAD NO INTEREST IN IT.

I DECIDED TO GO INTO A DIFFERENT PROFESSION.

I AM A POLICE OFFICER NOW.

SELIM KHAN, SON OF GHALIB

I ALSO USED TO BE A WRESTLER. IN THOSE DAYS THERE WEREN'T MANY ASIAN WRESTLERS, BUT THERE WERE PEOPLE INTERESTED IN ME BEING A WRESTLER. PROMOTING ME, SO I SPORADICALLY COMPETED IN WRESTLING MATCHES IN VARIOUS VENUES IN TOWN, IN DEWSBURY AND IN EDINBURGH.

BUT BUTCHERING IS MY TRADE.

I'VE ALSO WORKED IN FACTORIES TO SUPPLEMENT MY INCOME...

INSIDE THE BUTCHER'S SHOP ON LANSDOWNE PLACE.

A FORMER CO-WORKER OF MR. KHAN. HE WORKS IN THE SHOP ON LANSDOWNE PLACE

I'VE BEEN HOME MANY TIMES, INCLUDING GOING THERE BY ROAD. WE USED TO DRIVE IN A CONVOY AT THAT TIME I HAD AN OLD RED TRANSIT. IT TAKES ABOUT 12 TO 13 DAYS, THROUGH BELGIUM, GERMANY, AUSTRIA, YUGOSLAVIA, BULGARIA, TURKEY, IRAN, KABUL...

Halal Butcher (2005)

THE FRUIT & VEG GUY OR: SON OF A MARKET TRADER

ONE VERY EARLY AND COLD SATURDAY MORNING ON BETHNAL GREEN ROAD... 1. I'M 66 YEARS OLD. I'VE GOT MY STALL HERE FOR THE LAST 40 YEARS. BEFORE THAT I WAS WORKING TEN YEARS FOR MY FATHER AT HIS STALL IN BRICK LANE — BANGLATOWN, THEY CALL IT NOW. MY DAD, HE WAS HARD BUT HE WAS FAIR. BUT HE WASN'T FAIR SOMETIMES. HE WAS GIVING A STRANGER — THE OTHER BOY WHO WORKED FOR HIM — THREE QUID ON A SUNDAY AND I WORKED FOR 50P. HE USED ME BUT HE LEARNED ME MY TRADE.

TESCO 70 METRES

4. THE SUPERMARKETS HAVE THEIR LITTLE BATTLES BETWEEN EACH OTHER. BUT THEY ARE KILLING US! THEY ARE DOING EVERYTHING NOW AT TESCO. CAR INSURANCE, HOME INSURANCE, PET INSURANCE, EVERYTHING.

THE SUPERMARKETS THEY ARE SO GREEDY THEY ARE GONNA FINISH IT UP. THEY'LL BE THE GOVERNORS. THE FRUIT AND VEG AT MY STALL IS CHEAPER THAN IN THE SUPERMARKET.

BUT THE WOMEN DON'T CARE! THEY GO INTO TESCOS AND SPEND EVERYTHING. THEY DON'T GIVE A SHIT.

PETER HERBERT

I'M RETIRING IN SEPTEMBER. I'LL PROBABLY GO ROUND THE BEND WHEN I DON'T KNOW WHAT TO DO WITH MYSELF. I'LL CREEP UP THE PUB AND HAVE A PINT I SUPPOSE...

2. I'VE GOT MY STALL HERE FROM TUESDAY TO SATURDAY. IN THE MORNING I GET UP AT TWO O'CLOCK. THEN I DRIVE ME VAN DOWN TO LEYTONSTONE MARKET, WHERE I DO MY BUYING. I COME DOWN TO BETHNAL GREEN ABOUT SIX O'CLOCK AND GET MY STALL OUT. IT'S A BIG STALL, A HEAVY STALL, LIKE AN ELEPHANT. I GET IT OVER TO MY PITCH, PULL UP HERE AND HAVE A REST. I'M GETTING OLD.

3. I'VE GOT TWO BROTHERS, JAMES AND JOHN. JOHN IS AN INSURANCE BROKER. JAMES IS THE HORROR WRITER. I READ ONE OF HIS BOOKS, "THE RATS". I DON'T LIKE BOOKS, I LIKE VIDEO. I CAN'T READ BOOKS, I CAN'T DIGEST THEM. I'M NOT INTELLIGENT ANYWAY. MY BROTHER JAMES IS LIKE CLIFF RICHARD. HIS RECORDS, HE'S DONE THEM IN ALL DIFFERENT LANGUAGES, ALL OVER THE WORLD, LIKE MY BROTHER. SAME THING — YOU CAN BUY HIS BOOKS IN GERMAN, SPANISH, ITALIAN.

Fruit & Veg (2006)

El Jardín de Caridad (2007)

07/05/06 WILLIAMSBURG, BROOKLYN - NYC

I AM IN NYC FOR A COUPLE OF DAYS...
TOOK THE PLANE FROM REYKJAVIK TO JFK.

ORIGINALLY I WANTED TO TRAVEL FROM ICELAND TO
THE USA ON BOARD A CARGO SHIP BUT UNFORTUNATELY
I COULDN'T GET A RIDE.

I AM STAYING AT MY FRIEND GEORGE'S PLACE IN
BROOKLYN.

EASTRIVER

TODAY I WENT TO THE WATERFRONT IN WILLIAMSBURG, (MY ALL TIME NYC FAVOURITE), WHERE I ENJOYED A FANTASTIC VIEW OVER
4E EAST RIVER   AND THE MANHATTAN SKYLINE.

SWEATSHOP LABOR!!!

IT WAS QUITE HOT AND HUMID...

THE SKY IS MISTY AND YOU CAN BARELY SEE THE TOP OF THE EMPIRE STATE BUILDING.

← WILLIAMSBURG BRIDGE CA. 350m

⇨ GETTING THERE:

JUST TAKE THE (L)-TRAIN TO BEDFORD AVENUE,
IGNORE THE HIPSTERS AND WALK DOWN NORTH 7TH.

I LOVE THIS PLACE!

IT IS A GREAT SPOT TO HAVE A BEER OR TWO
IN THE NIGHT TIME. THE VIEW IS EVEN MORE STUNNING,
THEN WHEN THE WHOLE OF MANHATTAN IS ILLUMI-
NATED AND LOOKS LIKE A SCENE OUT OF "BLADE RUNNER".

Williamsburg, Brooklyn (2007)

Twiggy (2006)

Peeluca Bee nació como resultado de la historia de amor entre la diseñadora gráfica Eva Monleón y los ordenadores, pero también como una manera de escapar del trabajo comercial que ésta desempeñaba. Eva Monleón está fuertemente influenciada por las artistas de los años noventa, y sus retratos, de estilo abocetado, reflejan ídolos del pop a partir de imágenes extraídas de las revistas. Eva Monleón entró en contacto con los ordenadores tras estudiar en la Escuela de Bellas Artes de Barcelona y después de matricularse en un curso de diseño gráfico y multimedia. Tras ejercer como diseñadora durante cinco años, creó el estudio Dospasos junto con el ilustrador Gabriel Corbera. Su trabajo ha podido verse en varias exposiciones.

Peeluca Bee evolved as a result of graphic designer Eva Monleón's love affair with computers, but also as an escape from the sales job she held at the time. Eva Monleón is strongly influenced by artists from the 1990's, and her sketch-like illustrations portray pop idols, using images taken from magazines. She first came into contact with computers while studying at the Fine Art School of Barcelona and after enrolling in the course on graphic design and multimedia. After working as a designer for five years, she created the studio Dospasos along with illustrator Gabriel Corbera. Her work has appeared in various exhibitions.

Técnica

«Desarrollo todo mi trabajo con el ordenador, sin realizar bocetos previos, jugando con los colores con una tableta gráfica y el programa Flash. Este *software* facilita la aplicación de color, lo que hace mi trabajo mucho más intuitivo e inmediato.»

Technique

"I develop all my work on the computer without thinking about it too deeply, playing with colors using a graphic table and the Flash program. This software facilitates color application, which makes my work much more intuitive and immediate."

Barcelona (España) hello@peelucabee.com www.peelucabee.com
Barcelona (Spain) *hello@peelucabee.com* *www.peelucabee.com*

Peeluca Bee

Jarvis (2007)

Meg White (2007)

Planningtorock (2007)

Nico (2006)

PJ Harvey (2006)

Devendra Banhart (2006)

PJ Harvey (2006)

Composition (2007)

Dancers (2007)

PJ Harvey (2006)

Johana and Fred (2006)

Sumo (2006)

Phil Wheeler

La perspectiva de disfrutar de ingentes cantidades de sol, playa y salchichón fue suficiente para que Phil Wheeler, originario de la isla de Jersey, se trasladara desde Londres a la ciudad de Cádiz, al sur de España, en 2003. Allí vive con su pareja y sus hijos y tiene su centro de operaciones. Su elegante mezcla de texturas orgánicas y digitales ha logrado ampliar la cartera de clientes hasta incluir nombres como IBM, Adobe, Adidas, Pepsi y Universal. Su trabajo puede verse en los soportes más diversos, desde latas de refrescos de cola hasta revistas, camisetas, portadas de CD, animaciones e incluso carteles publicitarios de 20 metros de altura.

The promise of endless sun, beaches and cured sausages was enough to make Phil Wheeler, originally from the island of Jersey, move from London to Cadiz, in the south of Spain, in 2003. He works and lives there with his partner and children. His elegant mix of organic and digital textures has led to a greater awareness of his work and an impressive client list which includes names such as IBM, Adobe, Adidas, Pepsi and Universal. His work can be seen in very diverse areas, on cola cans, magazines, T-shirts, CD covers, cartoons and even on 60-foot-tall advertising billboards.

Técnica

«Fascinado por las posibilidades y el potencial del ordenador, he desarrollado un proceso vectorial de trabajo en el que todos los detalles finales se tratan con Photoshop. A pesar de los toques *retro*, de las líneas orgánicas y de las texturas de mis ilustraciones, éstas son completamente digitales.»

Technique

"Fascinated by the possibilities and the potential of the computer, I have developed a vectored process of work in which all the final details are processed on Photoshop. The retro touches, the organic lines and the textures of my illustrations are all completely digital."

Cádiz (España) philwheeler@ono.com   www.philwheelerillustrations.com
Cadiz (Spain) *philwheeler@ono.com*   *www.philwheelerillustrations.com*

Moose (2006)

Koi (2006)

Made in China (2007)

Garden (2005)

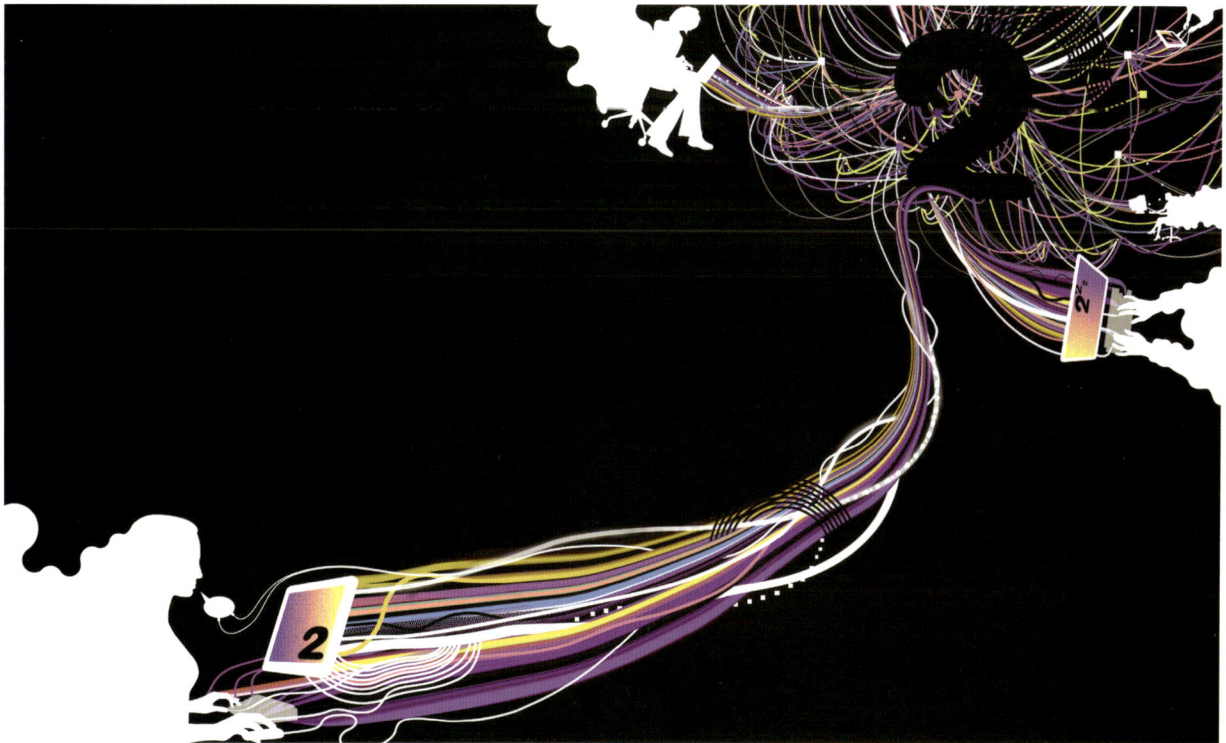
Web 2.0 (2006)

Pepsi Camouflage (2006)

Select Flavour (2007)

Wood for the Trees (2005)

Elephant (2007)

The Ultimate Pin Up Book (2003)

Cuando era niña, la ilustradora Pia Wall adoraba la lluvia porque de esa manera podía quedarse en casa y hacer lo que más le gusta: dibujar. Aunque se crió en Suecia, ahora vive en Noruega. Tras graduarse con un máster en Bellas Artes por la Universidad de Gotemburgo y estudiar durante un año en la École Supérieure d'Art Graphique de París y en el SHKS de Oslo, en la actualidad realiza ilustraciones para clientes como la editorial berlinesa Die Gestalten Verlag, Taschen, Bazar, Cappelen y Aschehoug, y trabaja también para empresas e instituciones como el Museo de la Ciencia de Londres, Scandinavian Design Group y DDB.

When illustrator Pia Wall was a child, she loved the rain because she could stay indoors and do what she loved to do—draw. Although she was brought up in Sweden, today she lives in Norway. She has a master's degree in fine art from Gothenburg University, as well as having studied for a year at the École Supérieure d'Art Graphique in Paris and at the SHKS in Oslo. Today she illustrates for clients such as the Berlin publishing house Die Gestalten Verlag, Taschen, Bazar, Cappelen and Aschehoug. She also works for companies and institutions such as the London Science Museum, Scandinavian Design Group and DDB.

Técnica

«Dibujo en papel para mí misma, pero para los clientes trabajo siempre con el ordenador. Utilizo Adobe Illustrator, una tabla Wacom y un lápiz digital. Trazo en el ordenador las fotos que yo misma hago y las uso en mis ilustraciones.»

Technique

"I draw on paper for my own benefit, but I always work on the computer for my clients. I use Adobe Illustrator, a Wacom tablet and a digital pen. I use photos I have taken myself and blend them into my illustrations on the computer."

Stavanger (Noruega) pia@piawall.no www.piawall.no
Stavanger (Norway) *pia@piawall.no* *www.piawall.no*

Pia Wall

The Ultimate Pin Up Book (2003)

The Ultimate Pin Up Book (2003)

Portada para la revista *Vectura* (2008) / *Cover for Vectura magazine (2008)*

Zombie Apocalypse! (2007)

Rod Hunt es un ilustrador afincado en Londres conocido por el espíritu *retro* de sus obras, repletas de personajes procedentes casi todos ellos de la cultura pop, y que abarcan desde campañas de publicidad hasta portadas de libros e incluso instalaciones artísticas. Entre sus clientes, pertenecientes en su mayoría al mundo editorial, al de la publicidad y al del diseño, se cuentan nombres como BBC, British Airways, British Council, *Computer Arts*, *Financial Times*, FHM, IKEA, *Maxim*, *The Observer*, Orange, *The Sunday Times* y Vodafone. Rod Hunt ha realizado también la famosa portada del éxito de ventas *Change the World 9 to 5*, de la organización We Are What We Do.

Rod Hunt is an illustrator based in London whose work is renowned for its retro spirit and his use of characters emanating from pop culture. He has worked on advertising campaigns, book covers and artistic installations. Most of his clients are from the worlds of publishing, advertising and design, including names such as the BBC, British Airways, British Council, *Computer Arts*, *Financial Times*, *FHM*, *IKEA*, *Maxim*, *The Observer*, *Orange*, *The Sunday Times* and Vodafone. Rod Hunt is also the creator of the famous cover of the bestseller *Change the World 9 to 5* by the We Are What We Do organization.

Técnica

«Antes de empezar con el ordenador, aboceto ideas en un cuaderno con un lápiz o un rotulador. Posteriormente, trabajo el dibujo a lápiz de forma mucho mas detallada, y luego paso al ordenador y a la tableta gráfica, que utilizo junto con el programa Adobe Illustrator.»

Technique

"Before I start on the computer, I sketch ideas in a notebook with a pencil or ball point pen. Then I work on the pencil sketch in greater detail before continuing on the computer with the graphic table, which I use along with Adobe Illustrator."

Rod Hunt

Londres (Reino Unido) rod@rodhunt.com www.rodhunt.com
London (United Kingdom) *rod@rodhunt.com* *www.rodhunt.com*

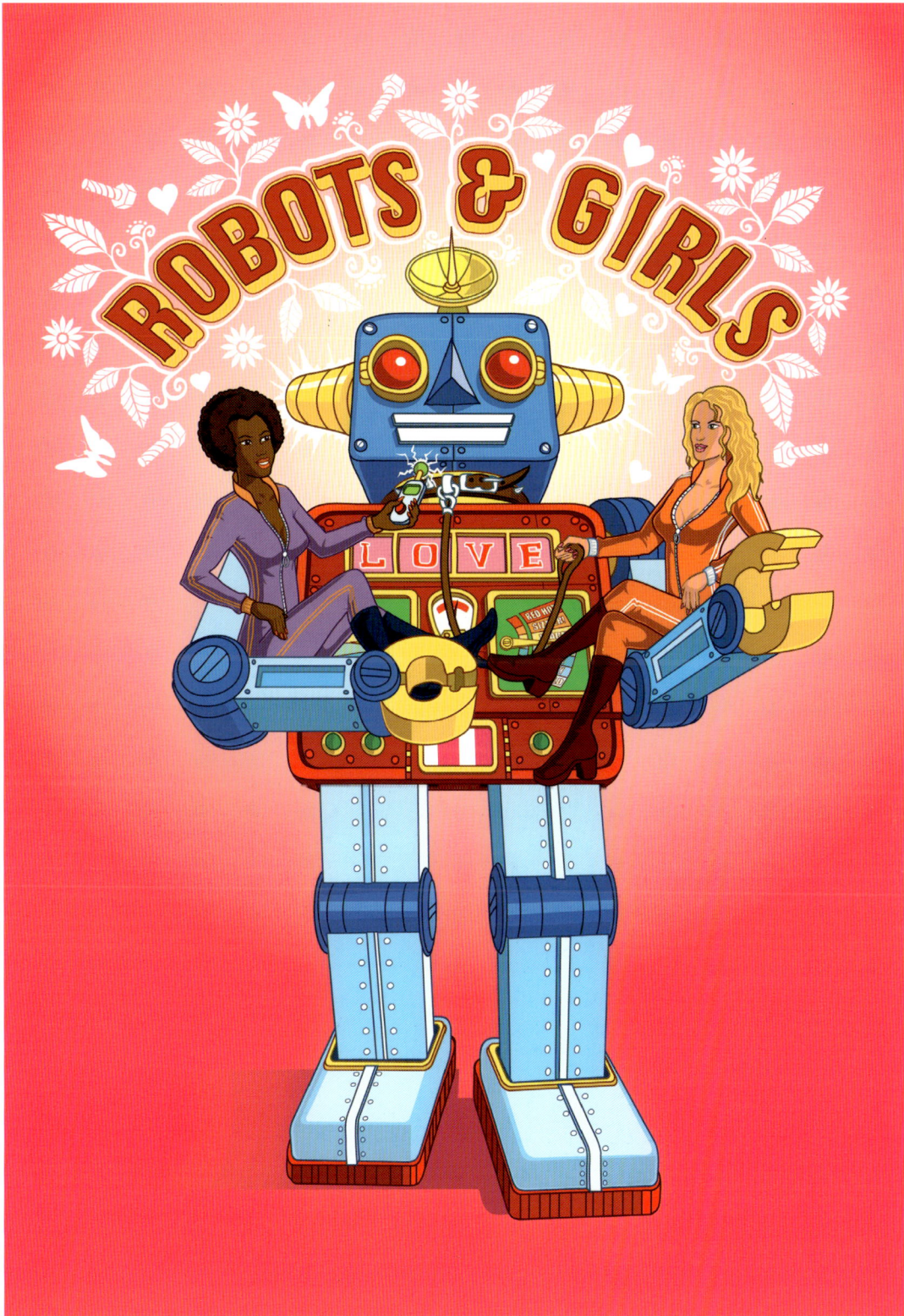

Robots & Girls (2006)

B-Movie City (2006)

Calor Village of the Year 2016 (2006)

When Towns Go Mad! (2006)

Change the World 9 to 5 (2006)

Zune vs iPod (2006)

Serial Cut™

En 1999, Sergio del Puerto creó en Madrid el estudio Serial Cut™, desde el que lleva a cabo proyectos de todo tipo, desde dirección de arte hasta diseño gráfico e ilustración. El estudio empezó como una manera de dar salida a los encargos como *freelance* de Del Puerto mientras estudiaba Diseño Gráfico y colaboraba en la revista de moda y tendencias *Vanidad*, de la que era director de arte. Serial Cut™ empezó a conocerse en España a raíz de sus trabajos para la sección de sexo del suplemento «Tentaciones» del diario *El País*. En la actualidad, este estudio cuenta con un equipo cada vez mayor de profesionales especializados en las áreas de fotografía, retoque de imágenes, diseño de webs, *motion graphics*, diseño 3D e incluso grabaciones musicales.

In 1999, Sergio del Puerto created the Serial Cut™ studio in Madrid, where he carries out all kinds of projects, ranging from art direction to graphic design and illustration. The studio began as a way to move his freelance work while he studied graphic design and worked on the trends and fashion magazine Vanidad as art director. Serial Cut™ made a name for itself in Spain thanks to his work for the sex talk part of the Friday supplement 'Tentaciones' of the El País newspaper. Today this studio boasts an ever-growing team of professionals specializing in photography, image retouching, web design, motion graphics, 3-D design and even musical recordings.

Técnica

«La técnica utilizada varía en función del proyecto, aunque incluso en nuestros trabajos analógicos acabamos retocando el arte final con Photoshop. Muchos elementos y sus distorsiones deben tratarse digitalmente porque son imposibles de representar analógicamente.»

Technique

"The technique varies depending on the project, although we end up retouching the final piece in Photoshop even for our analog work. A lot of elements and their distortions need to be processed digitally because they are impossible to portray in analog media."

Madrid (España) info@serialcut.com   www.serialcut.com
Madrid (Spain)   *info@serialcut.com   www.serialcut.com*

Huge Robot (2006; en colaboración con Mr. Oso) / *Huge Robot (2006; in collaboration with Mr. Oso)*

Musique (2006)

Up&Down-Load (2006)

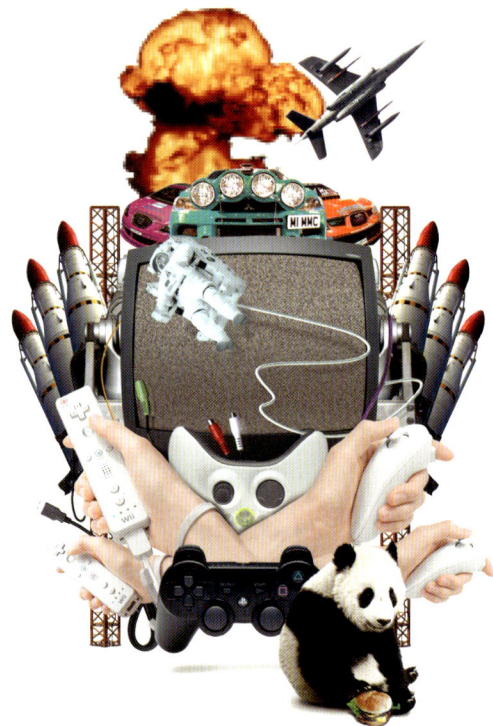

Pandarcade (2006; en colaboración con Mr. Oso)
Pandarcade (2006; in collaboration with Mr. Oso)

Top Cast (2006)

Top 5 (2006)

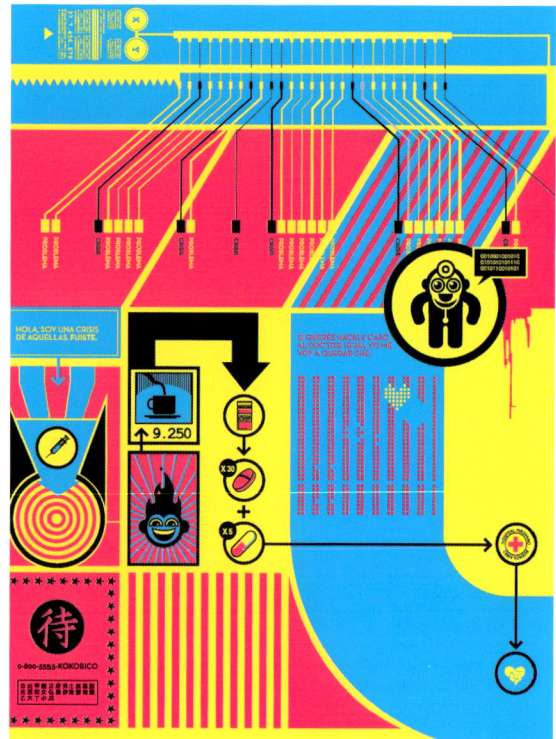

Sin título (2007) / *Untitled (2007)*

TOKI es un colectivo artístico y de diseño gráfico formado por tres diseñadores e ilustradores de la Universidad de Buenos Aires (Nicolás Sarsotti, José Saccone y Daniel Mochi) que se conocieron ya durante el primer año de sus estudios, en 2001. En un primer momento, el objetivo del grupo era simplemente dibujar y dar rienda suelta a la creatividad de sus integrantes, sin un fin concreto. Con el tiempo, TOKI acumuló un extenso repertorio de trabajos de estilos y técnicas diversas que van de lo digital a lo completamente manual y fueron el germen de lo que hoy en día es el primer «producto» del grupo: las postales TOKI.

TOKI is an artistic and graphic design collective made up of three designers and illustrators—Nicolás Sarsotti, José Saccone and Daniel Mochi—who met each other during their first year of studies in 2001 at the University of Buenos Aires. The group's main objective was simply to draw and let their creativity flow with no actual end goal. Over time, TOKI produced an extensive repertoire of different styles and diverse techniques ranging from the totally digital to the completely manual. This has led today to the group's first product: TOKI postcards.

Técnica

«Hacemos la mayoría de las ilustraciones con Adobe Illustrator. El resto las trabajamos a mano y luego las vectorizamos para darles un acabado más pulido. También escaneamos texturas y tramas en papeles impresos para ensuciar un poco la geometría de los vectores.»

Technique

"We do most of the illustrations with Adobe Illustrator. We work on the rest by hand, and then we vector them to give them a more polished finish. We also scan textures and wefts onto printed paper to break up the geometry of the vectors."

TOKI

Buenos Aires (Argentina) info@tokiweb.com.ar www.tokiweb.com.ar
Buenos Aires (Argentina) *info@tokiweb.com.ar* *www.tokiweb.com.ar*

Sin título (2007) / *Untitled (2007)*

Sin título (2007) / *Untitled (2007)*

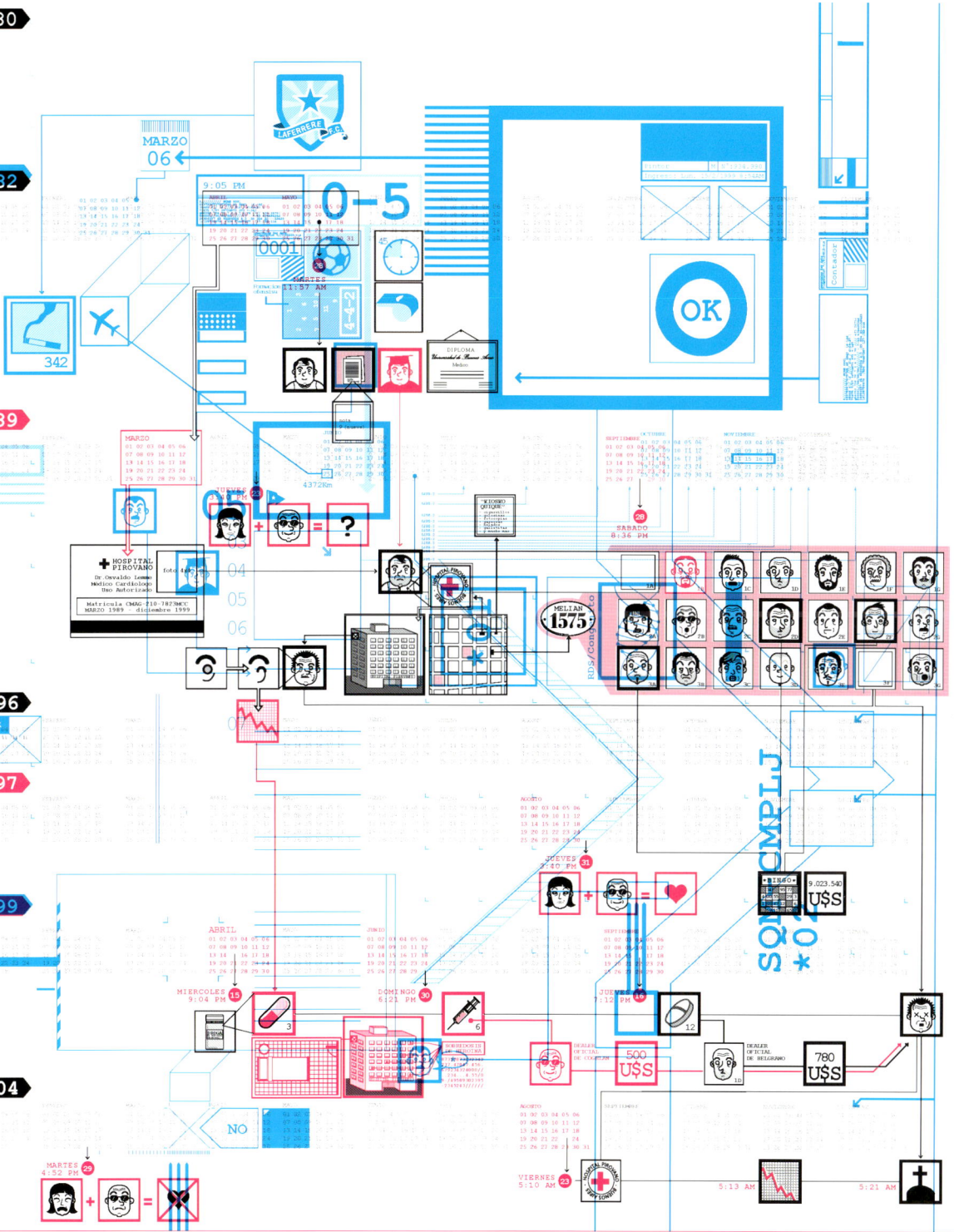

Sin título (2007) / *Untitled (2007)*

Dedicate (2004; fotografía de Katja Mayer) / *Dedicate (2004; photo by Katja Mayer)*

Tras graduarse en el London College of Printing, Jonathan Kenyon y John Glasgow crearon el estudio de diseño Vault49, que se convirtió pronto en uno de los más innovadores gracias a un portafolio en el que pueden encontrarse trabajos de tipografía, ilustración, fotografía e incluso diseño de webs. Tras trasladarse a Nueva York en 2004, Vault49 continuó ampliando su lista de clientes internacionales gracias a su habilidad para mezclar todos los campos del diseño, a la utilización de una amplia variedad de técnicas y a su carácter innovador. Vault49 es un estudio de diseño gráfico completamente moderno que, no obstante, reconoce que las técnicas digitales son sólo una herramienta más de su trabajo.

After graduating from the London College of Printing, Jonathan Kenyon and John Glasgow created the Vault49 design studio, which was soon to become one of the most innovative of its kind, due to a portfolio including typography work, illustration, photography and even web designs. After moving to New York in 2004, Vault49 continued to build on its international client list, thanks to their ability to blend all areas of design, their use of a wide range of techniques and finally their defining innovative character. Vault49 is a modern graphic design studio; however, they do admit that digital technology is just one tool of many required in their work.

Técnica

«A pesar de que nuestros trabajos estén dibujados a mano, sean gráficos vectoriales o diseños en 3D, el ordenador desempeña un papel importante. Todos ellos se diseñan y se pulen en el ordenador antes de realizar las transparencias. Las fotografías, los bocetos y los dibujos a mano se combinan usando un *software* digital.»

Technique

"Although our work is hand-drawn, whether vector graphics or 3-D designs, the computer plays an important role. All the drawings are designed and polished on the computer before creating the transparencies. The photographs, sketches and drawings by hand are combined using digital software."

Nueva York (Estados Unidos) info@vault49.com www.vault49.com
New York (USA) *info@vault49.com www.vault49.com*

Vault49

Vault49 (2004; fotografía de Stephan Langmanis) / *Vault49 (2004; photo by Stephan Langmanis)*

Birdy (2007)

H.Un.T (2007; fotografía de Rinze van Brug) / *H.Un.T (2007; photo by Rinze van Brug)*

The Greatest Show on Earth

ADMISSION COSTS ONE SOUL, the barman NO REFUND

Roll Up, Roll Up (2007; en colaboración con Daryl Waller y Si Scott)
Roll Up, Roll Up (2007; in collaboration with Daryl Waller and Si Scott)

Orange Life (2007; fotografía de Michael Creagh) / *Orange Life (2007; photo by Michael Creagh)*

Digitpat (2007)

Design for Life (2007; en colaboración con Pomme Chan) / *Design for Life (2007; in collaboration with Pomme Chan)*

Music Tree (2006)

Renaissance (2004)

Jay-Z (2006)

Tras estudiar Ilustración en la Academia de Arte y Diseño de Kampen (Países Bajos), Ytje encontró su pacerla de mercado en el mundo de la ilustración desarrollando un estilo basado en la observación de la vida cotidiana. Al mismo tiempo que esto ocurría, Ytje estudiaba el modo en que las imágenes de todo tipo se usan en el cine y la fotografía contemporáneos. Sus ilustraciones representan momentos determinados de la vida diaria, pero constituyen, a la vez, un universo en sí mismas gracias a sus trabajados fondos, un detalle distintivo de su obra. Atmosphere BBDO, 160 over 90, Doubleday Broadway Publishers y la edición alemana de la revista *Playboy* se cuentan entre sus clientes.

After having studied illustration at the Academy of Art and Design in Kampen, the Netherlands, Ytje found his niche in the world of illustration by developing a style based on the observation of daily life. At the same time, Ytje studied the way in which all kinds of images are used in contemporary cinema and photography. His illustrations depict specific moments of daily life, but also become their own universes, thanks to his elaborate backgrounds—a distinctive part of his work. Atmosphere BBDO, 160 over 90, Doubleday Broadway Publishers and the German edition of Playboy magazine are just a few of his clients.

Técnica

«Lo digital en mi trabajo puede verse principalmente en el color. Siempre intento conseguir profundidad –literal y figurada– en mis ilustraciones. Aunque su superficie parece suave y matizada, ha de mostrar algún tipo de intensidad para que el ojo vague por ella.»

Technique

"The digital aspect of my work is mostly related to color. I always try to achieve depth—literal and figurative—in my illustrations. Although the surface seems smooth and harmonized, it has to have some kind of intensity so that the eye can roam over it."

Ytje

Haarlem (Países Bajos) ytje@ytje.com www.ytje.com
Haarlem (the Netherlands) ytje@ytje.com www.ytje.com

Playboy Deutschland (2007)

El-P (2007)

Portada del álbum *Little by Little*, del grupo Harvey Danger (2005)
Little by Little album cover, by group Harvey Danger (2005)

Let It Snow (2006)